心を引き寄せる
大人の伝え方
集中講義

INTENSIVE COURSE
IN COMMUNICATION SKILLS FOR ADULTS:
TOWARD COMMUNICATING
YOUR FEELINGS EFFECTIVELY

一橋大学 教授
石黒 圭
ISHIGURO KEI

sanctuary books

心を引き寄せる
大人の伝え方
集中講義

Intensive Course
In Communication Skills for Adults:
Toward Communicating
Your Feelings Effectively

一橋大学 教授
石黒圭

sanctuary books

Introduction

話しやすい人には
理由がある

あなたは、自分の話している姿が、
相手にどう見られているのか、
想像してみたことはありますか?

> 先方に何か質問されたときに答えられないと、
> いろいろまずいから、
> この資料にしっかり目を通しておいてくれるかな。

上司

> お忙しくなかったらでけっこうなんですが、
> ご都合のいいときに、
> 先方への説明のためにご同行を
> お願いできるとありがたいのですが…。
> でも、ご無理でしたらけっこうです。

部下

こう言われたらどんな印象を受けますか?

また、同じ人が、こんなふうに
話していたらどうでしょう?

先方の質問に自信を持って答えてほしいから、
この資料にしっかり目を通しておいて
もらえるかな?

上司

わたしひとりでは不安なので、
○○部長がいてくださると
心強いです。
ご同行をお願いできますか。

部下

どちらもコミュニケーションとしては、
間違っていませんし、同じことを言っています。

でも、なんとなく、後者の方が親しみを覚える人が、
多いのではないでしょうか。

なぜでしょう?

コミュニケーションは距離の取り方で決まる

一人の社会人として、自分の「ものの言い方」に自信がある人は、ほとんどいないはずです。
なぜなら、「ものの言い方」は、きちんとした教育を受けることなく、親・兄姉や先輩・上司などから見よう見まねで、なんとなく学んでくるものだからです。

そのせいか、若い人の話を聞いていると、
「くだけた言葉（タメ口）」
「失礼にならない過剰な敬語」
という、二極の言葉づかいに分化していることに気づきます。

つまり、家族や親しい友人などと接するときは、くだけた話し方をし、
上司や先生などと接するときは、型どおりの、過剰な敬語で話します。

前者は、たとえば、

「これ、しっかり目を通しておいてくれる?」
—くだけた言葉の例

後者は、
「あの、お忙しいところまことに恐縮ですが、こちらの資料に目を通しておいていただけると大変ありがたいのですが、あ、お時間あるときでほんとにけっこうですので」

—過剰な敬語の例

という違いで、
言い方によって、自分と相手の距離を縮めるか、自分と相手の距離を遠ざけるか、いずれかに偏っているようなのです。

大人としての一人前の言葉づかいとはなんでしょうか。
「敬語を上手に使えるようになること」
だと考えている人がいますが、それは誤解です。

敬語の使い方がうまくなったからといって、
それだけで人間関係が良くなることはありません。

なぜなら、**敬語は「相手との距離を遠ざける言葉」**としてしか機能しないからです。

また、いったん社会に出てみると、
他部署の同僚や取引先、お店の人、近所の人など、
すごく親しい人でも、すごく敬わなければならない人でもない、微妙な距離の相手と接することのほうが、圧倒的に多いのです。

そういう人に「くだけた言葉（タメ口）」を使うと、乱暴な人、偉そうな人、軽薄そうな人だと思われる一方、いつも無難に「失礼にならない過剰な敬語」を使いつづけていると、なかなか親しい間柄になれないのです。

この本における
良いコミュニケーションとは、
よそよそしすぎず、なれなれしすぎず、
おたがいに気持ち良く、言葉を伝え合うこと、だと考えます。

そして、わたしたちが抱える一番の問題は、

**自分の「大人としての
言葉づかい」が、
はたしてよそよそしすぎるのか、
なれなれしすぎるのか、
自分では、なかなか
認識できないことです。**

そこで、本書では、実際の社会の場面でよく使われるフレーズを紹介しながら、「相手の気持ちを思いやり」かつ、「相手との心の距離を縮める」のに効果的な言葉づかいを、みなさんと一緒に考えていきたいと思います。

言葉の「アクセル」と「ブレーキ」

本書ではコミュニケーションの目的を、「**言葉の交換をとおして、相手との心の距離を、無理なく自然に縮めること**」と定義します。たとえて言うと、信頼関係の構築という目的地を目指して、車を走らせていくイメージです。

みなさんは、ふだんあまり意識していないかもしれませんが、大人同士で交わされる会話のほとんどは、「アクセル」か「ブレーキ」かの、いずれかを選択しています。

「アクセル」は、コミュニケーションにたいする強い姿勢、良く言えば「積極的」、悪く言えば「厚かましい」姿勢です。**「ブレーキ」は、コミュニケーションにたいする弱い姿勢、良く言えば「控えめ」、悪く言えば「遠慮しすぎ」の姿勢**です。

「アクセル」をふかしすぎると、相手を怒らせたり、傷つけたり、困らせたりします。いわば、コミュニケーション上の事故を起こしやすい状態です。一方、「ブレーキ」を踏んでばかりだと、相手の心にいっこうに近づけません。つまり、いつまで経っても、目的地にたどり着けないのです。

相手との距離感のわからない **「アクセルちゃん」** は、フレンドリーで、にぎやかですが、半面、細かい配慮に欠け、ときに支配的になるという短所があります。

一方で、相手との距離を取りたがる **「ブレーキさん」** は、人間関係に臆病ですが、半面、相手の気持ちやプライバシーに配慮できます。

そして、性格や年齢・性別とは関係なく、どんな人の心にも、この「アクセルちゃん」と「ブレーキさん」が同居しています。内弁慶の人は、職場では「ブレーキさん」、家庭では「アクセルちゃん」です。

立場が上の人にたいしてはつねに「ブレーキさん」、立場が下の人にたいしてはつねに「アクセルちゃん」という人もいるでしょう。

よく「学生時代までの友人が、ほんとうの友人だ」という言葉を聞きますが、そんなことはありません。
ただ、社会人同士の場合、たった一度でも相手を怒らせたり、傷つけたりすることが命取りになるので、つい慎重になりすぎたり、その反動で急に乱暴になったりする。そのせいで、なかなか相手との距離をうまく縮められないのです。

自分のなかにいる「アクセルちゃん」と「ブレーキさん」とバランスよく付き合い、アクセル、ブレーキのどちらでもない、「ポライトな（＝丁寧でフレンドリーな）言葉」を選びつづけ、

「なれなれしい」
アクセルちゃん

関係…近い
態度…厚かましい
姿勢…積極的
配慮…欠ける
干渉…過ぎる
口数…にぎやか

自分のまわりにいる人たちと、そして、これから出会う人たちと、すばらしい信頼関係を築いてください。

「よそよそしい」
ブレーキさん

関係…遠い
態度…遠慮しすぎ
姿勢…控えめ
配慮…過剰
干渉…しない
口数…もの静か

CONTENTS

Intensive Course In Communication Skills for Adults:
Toward Communicating Your Feelings Effectively

LESSON 1 19
第1講 お願いする。

ブレーキさん
おもにあなたの立場が下の場合

1 「が」「けど」で前置きする 22
2 「が」「けど」の前置きを減らす 24
3 「が」「けど」から「ので」に言い換える 26
4 頼りにする 28
5 肯定的に依頼する 30
6 簡単には引き下がらない 32
7 具体的な交渉に持ち込む 34

アクセルちゃん
おもにあなたの立場が上の場合

1 指示文ではなく疑問文を使う 36
2 謝罪の言葉を添える 38
3 「ありがたい」表現にする 40
4 具体的に伝える 42
5 動機づけをする 44
6 公共性に訴える 46
7 相手から答えを引き出す 48

LESSON 2 53
第2講 断る。

ブレーキさん
おもにあなたの立場が下の場合

1 きっぱり断る 56
2 厳しい旨を添えて、相手に預ける 58
3 感謝の気持ちを添える 60
4 具体的なウソを避ける 62
5 理由はシンプルに伝える 64
6 理由は重くする 66

アクセルちゃん
おもにあなたの立場が上の場合

1 断ることに慣れない 68
2 相手の興味を立てる 70
3 厚意に謝意を示す 72
4 代替案も合わせて示す 74
5 理由は詳しく伝える 76
6 お返しする 78

LESSON 3 83
第3講 声をかける。

ブレーキさん
おもにあなたの立場が下の場合

1	世間話を加える	86
2	相手を話題にする	88
3	相手の長所を言葉に添える	90
4	ひとつ先の展開を読む	92
5	1日一つ話題を仕込む	94
6	下調べをする	96
7	別れぎわを次につなげる	98

アクセルちゃん
おもにあなたの立場が上の場合

1	先に情報開示する	100
2	触れずにそっとしておく	102
3	プライバシーには間接的に触れる	104
4	客観的にほめる	106
5	相手の能力を高く買う	108
6	同じ目線で応援する	110

LESSON 4 115
第4講 提案する。

ブレーキさん
おもにあなたの立場が下の場合

1	前回を確かめる	118
2	候補を出して決めてもらう	120
3	自分の提案を交える	122
4	二択にして聞く	124
5	ポジティブに誘う	126
6	「みんなのために」と誘う	128
7	相手に主導権を渡す	130

アクセルちゃん
おもにあなたの立場が上の場合

1	相手の意見も聞く	132
2	希望に確認を加える	134
3	「わたしはそう思う」という言い方に変える	136
4	否定は部分的に留める	138
5	お開きは匂わせる	140
6	不平不満を建設的に訴える	142

CONTENTS

Intensive Course In Communication Skills for Adults:
Toward Communicating Your Feelings Effectively

LESSON 5 147
第5講 やる気にさせる。

ブレーキさん
おもにあなたの立場が下の場合

1	素質ではなく行動をほめる	150
2	すこし大げさにほめる	152
3	一つほめてから一つ指摘する	154
4	「あくまでも通過点」だと伝える	156
5	ポジティブに言い換える	158
6	相手の理解力を信じる	160

アクセルちゃん
おもにあなたの立場が上の場合

1	理由を添える	162
2	比較は相手のなかでする	164
3	否定ではなく期待する	166
4	まずは共感する	168
5	相手の視点に切り替える	170
6	ミスは指摘せず確認する	172
7	答えは相手に出させる	174

LESSON 6 179
第6講 話を聞く。

ブレーキさん
おもにあなたの立場が下の場合

1	相づちのかわりにじっと目で聞く	182
2	同意のかわりに感情表現を挟む	184
3	「たしかに」「なるほど」を抑える	186
4	ほめられたら感情を込めて返す	188
5	話題をお返しする	190
6	謝る点を絞る	192

アクセルちゃん
おもにあなたの立場が上の場合

1	相づちはオーバーぎみに感情を込める	194
2	感情は否定せず受け入れる	196
3	話を変える前に相手の話を評価する	198
4	非を認めて自分で直す	200
5	拒否や否定はひと呼吸置く	202

LESSON 7 207
第7講 説明する。

ブレーキさん
おもにあなたの立場が下の場合

1	要点を先に示す	210
2	要点を価値づける	212
3	同じ接続詞をくり返し使わない	214
4	「えーと」を「あのー」に変える	216
5	アクセントを入れる	218
6	余計な情報は削る	220

アクセルちゃん
おもにあなたの立場が上の場合

1	話のアウトラインを示す	222
2	話のまとまりを意識する	224
3	参照は細かくする	226
4	数字を出す	228
5	「とにかく」「逆に」を減らす	230
6	「なんです」「わけです」を減らす	232

LESSON 8 237
第8講 打ち解ける。

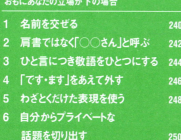

ブレーキさん
おもにあなたの立場が下の場合

1	名前を交ぜる	240
2	肩書ではなく「○○さん」と呼ぶ	242
3	ひと言につき敬語をひとつにする	244
4	「です・ます」をあえて外す	246
5	わざとくだけた表現を使う	248
6	自分からプライベートな話題を切り出す	250
7	話題の展開をポジティブにする	252

アクセルちゃん
おもにあなたの立場が上の場合

1	二人称を避ける	254
2	職場では全員「さん」づけで呼ぶ	256
3	ハラスメントに気をつける	258
4	敬語をイメージする	260
5	オブラートに包む	262
6	敬語で抗議をする	264

LESSON 1

Intensive Course In Communication Skills for Adults:
Toward Communicating Your Feelings Effectively

第1講
お願いする。

遠慮しすぎず、厚かましくもない
気持ちよく頼みを聞いてもらう「依頼」の言葉

【依頼の基本】
ONEGAI-SURU

依頼とは「自分ではできないことを誰かに頼んでやってもらうこと」です。
しかし、この「自分ではできない」「自分でもできる」の線引きが難しく、頼めば相手に負担をかけることがわかっているので、依頼には慎重になりがちです。

相手への負担を気にしすぎるあまり、なんでも無理して自分でやってしまう人がいます。また、「自分でやったほうが正確で早い」と考え、なんでも自分でやらないと気の済まない人もいます。

もちろん、「自分でできることは自分でやる」という考えは大事です。
しかし、人に依頼することが苦手なあまり、仕事を抱え込みすぎて仕事が回らなくなったり、自分自身が負担に押しつぶされては元も子もありません。
依頼することを恐れず、面倒くさがらないようにしましょう。

反対に、「誰かに頼むこと」が常態化している場合もあります。やってもらって当然という意識は、人間関係にすこしずつ亀裂を生んでいきます。たとえ、自分が明らかに上の立場だったとしても、です。
また、依頼というものは、たいてい「一度で終わり」ではありません。これから何度も続いていく行為なのです。だからこそ、ただ引き受けてもらえばいいだけではなく、「気持ちよく」引き受けてもらうことが大切になっていきます。

この章では、**遠慮しすぎず、かといって厚かましくもない、気持ちよくお願いを聞いてもらう依頼の言葉**を、みなさんと一緒に考えます。

ブレーキさん
おもにあなたの立場が下の場合
(部下・後輩・サービスする側など)

お願いを負担に感じる人は、前置きから始めましょう。

1 「が」「けど」で前置きする

SCENE1

再度、見積書の作成をお願いできませんか?

☞ **何度もお手数をかけて申しわけありませんが、
再度、見積書の作成をお願いできませんか?**

SCENE2

なんとか前向きにご検討願えませんでしょうか?

☞ **お立場上、なかなか厳しいということは承知しておりますが、
なんとか前向きにご検討願えませんでしょうか?**

SCENE3

しばらくのあいだ、ご協力のほどよろしくお願いします。

☞ **しばらくのあいだ、ご不自由をおかけしてしまいますが、
ご協力のほどよろしくお願いします。**

ブレーキさん
あなたの立場が下の場合

SCENE4

(「なにか、つらいことがあったの?」と聞かれて)
ううん、なんでもない…。

☞ **ちょっと話しにくいことなんだけど、よかったら聞いてくれる?**

SCENE5

(同じことを何度もしつこく言ったら嫌われそう…)

☞ **もしかしたら前にも伝えたかもしれないんだけど、
もう一度いいかな?**

SCENE6

(こんなこと、恥ずかしくてとてもお願いできない…)

☞ あのう、すみません。**こんなことをお願いしたら「変なヤツ」
だと思われるかもしれませんが。**

一歩前へ!
誰かにいきなり「お願いできませんか」とは言いづらくても、
一言前置きがあれば、お願いがしやすくなります。
迷惑をかける心苦しさを「が」「けど」で一言述べれば、依頼
の言葉がスムーズに出てきます。

第1講 お願いする。　23

前置きは一つに絞ります。

2 「が」「けど」の前置きを減らす

SCENE1

あのさ、もし忙しくなかったらでいいんだけど、近所のコンビニでもどこでもいいんだけど、ちょっとどこか出かけていって、見栄えのする弁当、5人分、そう5人分くらいで大丈夫なんだけど、買ってきてくれると助かるんだけど、お願いできそう？

☞ あのさ、もし忙しくなかったら、近所のコンビニかどこかで、見栄えのする弁当、5人分、買ってきてくれると<u>助かるんだけど</u>、お願いできそう？

SCENE2

勝手を言って申しわけございませんが、よろしければ先方を説得していただけるとありがたいのですが、もしお忙しかったらけっこうなのですが、わたしの説明で納得していただければよいのですが、なんとかお願いできませんでしょうか？

☞ もしお忙しかったら<u>けっこうなのですが</u>、わたしの説明では先方に納得していただけないようなので、なんとか先方を説得していただけないでしょうか？
勝手を言って申しわけございません。

LESSON 1

ブレーキさん
あなたの立場が下の場合

SCENE3

> いつもお願いばかりで申しわけないんだけど、今やっている作業が終わってからでいいんだけど、もしついでがあったらでいいんだけど、この書類を営業部全員に配っておいてもらえるかな？

☞ いつもお願いばかりで申しわけないんだけど、今やっている作業が終わったら、この書類を営業部全員に配っておいてもらえるかな？

一歩前へ！
「けど」の前置きは、依頼の便利な予告ツールですが、多すぎるとかえって依頼が難しくなります。「けど」がいくつも出てくると、いいわけがましくなりますし、前置きが長すぎると、聞いているほうはイライラします。
「けど」は大切なところに一つ使えば十分です。

心苦しさから、前向きな理由に切り替えてみましょう。

3 「が」「けど」から「ので」に言い換える

SCENE1

○○さんにお願いするのは忍びないのですが、今度の歓迎パーティーの司会を引き受けていただけないでしょうか？

☞ **今度の歓迎パーティーの司会は○○さんがふさわしいと思うので、引き受けていただけないでしょうか？**

SCENE2

作業が細かいし、時間がかかって大変だと思うけど、飾り付けは○○さんにお任せしたいです。

☞ **○○さんはセンスがいいし、細かい作業が得意だと思うので、飾り付けは○○さんにお任せしたいです。**

SCENE3

先方はちょっと扱いづらい人かもしれないけど、次の担当を引き受けてもらえますか？

☞ **先方は○○さんがとくにお気に入りのようなので、次の担当を引き受けてもらえますか？**

ブレーキさん
あなたの立場が下の場合

SCENE4

事情が複雑で、相手が嫌になるかもしれないけど、わたしのかわりにそう伝えてもらえませんか？

☞ ○○さんは伝え方がスマートで、いつも相手の反応がいいので、わたしのかわりにそう伝えてもらえませんか？

SCENE5

こんなことを話して理解してもらえるかどうかわかりませんが、○○さんに相談に乗ってほしいのですが。

☞ こんなことを話して理解してもらえるのは○○さんしかいないので、○○さんに相談に乗ってほしいのですが。

一歩前へ！
心苦しさから生まれる前置きは、ほかに依頼できる人がいなくて困っているというニュアンスを帯びます。
もっと積極的な前置きとして「ので」を使って依頼すると、この人を選んでお願いしているという、相手にたいするプラスの評価が伝わり、好感度がアップします。

第1講　お願いする。

頼られたら、嫌な気持ちはしないものです。

4 頼りにする

SCENE1

○○さん、すみませんが、代理で出席をお願いできませんか？

☞ **こういうときに安心して頼める人って、
やっぱり○○さんしかいないんです。
すみませんが、代理で出席をお願いできませんか？**

SCENE2

この書類、どうやって書けばいいか教えてください。

☞ **この書類、どうやって書けばいいか教えてください。
今日たまたま○○さんがいてくれて、ほんと助かりました！**

SCENE3

初めてのクライアントとの打ち合わせに
同席していただけませんか？

☞ **初めてのクライアントとの打ち合わせに
同席していただけませんか？
わたし一人だと不安だし、あとで改善点とか教えていただきたいので。**

ブレーキさん
あなたの立場が下の場合

SCENE4

明日までにまとめなければいけないので、
力を貸していただけませんか？

☞ **わたし、こういう資料作成がほんとうに苦手なんです。**
明日までにまとめなければいけないので、
力を貸していただけませんか？

SCENE5

関係者から反応がないので、
○○さんのほうから呼びかけていただけますか？

☞ わたし、何度も呼びかけたんですけど、
なかなか関係者から相手にしてもらえなくて…。
○○さん、お手本を見せていただけませんか？

一歩前へ！
ブレーキさんは頼りないのですが、その頼りなさを逆用するのも一つの手です。
使いすぎは、その人の能力に疑問符がつくので逆効果ですが、ここぞという依頼では、頼りない一面を見せて上手にまわりの協力を得ましょう。

たとえ同じ意味でも、言い方によって相手の返答が変わります。

5 肯定的に依頼する

SCENE1

今週はバタバタしておりますので、お待たせして申しわけありませんが、もう2日ほど時間をいただけませんか？

☞ **納得のいくものをお出ししたいので、お待たせして申しわけありませんが、もう2日ほど時間をいただけませんか？**

SCENE2

赤字を出さないように、
できるだけコストを抑えたいのです。

☞ **きちんと利益を出すために、
できるだけコストを抑えたいのです。**

SCENE3

納期に間に合わないので、
各日程をすこし詰めさせていただけますでしょうか？

☞ **納期に間に合わせたいので、
各日程をすこし詰めさせていただけますでしょうか？**

ブレーキさん
あなたの立場が下の場合

SCENE4

先方の機嫌を損ねないように気をつけますので、
わたしに担当させていただけないでしょうか？

☞ **先方に喜んでいただけるよう丁寧に対応しますので、**
わたしに担当させていただけないでしょうか？

SCENE5

○○さんが何を考えているのかよくわからないので、
今、話を聞かせてもらえますか？

☞ **○○さんの考えをもっとちゃんと理解したいので、**
今、話を聞かせてもらえますか？

一歩前へ！
後ろ向きな依頼は、相手の印象も良くありません。そのまま言うと「えっ」と思われてしまいます。
ひと手間かけて、前向きな依頼にできれば、相手の印象もぐっと良くなります。

第1講　お願いする。

一度断られると、つい簡単に引き下がりがちです。

6 簡単には引き下がらない

SCENE1

（「できない」と断られて）
そうですか。わかりました。

☞ （「できない」と断られて）そうですか。わかりました。
うーん。では、こうすれば可能になるという条件はおありですか？

SCENE2

（「忙しい」と断られて）承知いたしました。
では、また別の機会にご連絡さしあげます。

☞ （「忙しい」と断られて）承知いたしました。
うーん。すると、比較的お時間が取れそうな時期はいつごろになりますか？

SCENE3

（「いらない」と断られて）わかりました。
では、またなにかありましたら、よろしくお願いします。

☞ （「いらない」と断られて）わかりました。
うーん。ちなみに、どのようなものでしたら、お役に立てそうでしょうか？

LESSON 1

ブレーキさん
あなたの立場が下の場合

SCENE4

（「今日は会えない」と断られて）
わかった。じゃあ、また。

☞ （「今日は会えない」と断られて）わかった。
うーん。じゃあ、来週とかなら会える日ありそうかな？

SCENE5

（「すでに予定が入ってて」と断られて）
そうか。残念だけど、また今度。

☞ （「すでに予定が入ってて」と断られて）
そうか。うーん。その予定をずらすのって、やっぱり難しい？

一歩前へ！
「わかりました」とあきらめるのは簡単ですが、あきらめることはいつでもできます。どうしてもその人に頼みたいときは引き下がらず、可能となる条件を探るしつこさも必要です。
ただ、相手も断ることに負担を感じているはず。すぐに食い下がるのは逆効果です。「うーん」と考え込んで困った様子を見せ、それから、おもむろに切り出しましょう。

第1講　お願いする。

「依頼＞応答」では良い結果は生まれません。

7 具体的な交渉に持ち込む

SCENE1

これだけ大量発注すれば、
すこし値引いてくれる可能性はありますか？

☞ **これだけ大量発注するので、
3割ほど値引いてくれませんか？**

SCENE2

今、別の作業で手がふさがっているので、
ちょっと時間をいただけませんか？

☞ **今、別の作業で手がふさがっているので、
（3日でできるところを）1週間いただけませんか？**

SCENE3

この値段、もうすこしなんとかなりませんか？

☞ **値段はこれでオッケーなので、
オプションの分をおまけしてもらえませんか？**

ブレーキさん
あなたの立場が下の場合

SCENE4

今回はあきらめますが、また別の機会にお願いします。

☞ **今回はあきらめますが、
せめて連絡先だけでも教えていただけませんか？**

SCENE5

近いうちに、機会があったら食事にいきませんか？

☞ **（スケジュール帳を開いて）来月の連休後あたり、
食事にいきませんか？**

一歩前へ！
交渉、すなわち「依頼＞応答＞代案＞応答……」の繰り返しが、より良い条件を引き出します。いきなり３割の値引きを求めても、ふつうはうまくいきません。しかし、そのあとに、「では、２割なら」と言うと、案外うまくいくものです。
最初はすこし多めにお願いして、「依頼＞応答」の往復回数を増やすのが、上手な交渉のコツです。

第１講　お願いする。

アクセルちゃん
おもにあなたの立場が上の場合
(上司・先輩・客など)

依頼は命令とは違います。

1 指示文ではなく疑問文を使う

SCENE1

悪いんだけど、
資料作成、明日までによろしくね。

☞ **悪いんだけど、**
資料作成、明日までにお願いできそう?

SCENE2

この仕事が片付くまで、今日は残業を頼むからな。

☞ **申しわけないんだけど、この仕事が片付くまで、**
今日残業をお願いできないかな?

SCENE3

明日締め切りなんだけど、まだ返事がこないので、
今日中に連絡して。

☞ **明日締め切りなんだけど、まだ返事がこないので、**
今日中に連絡してもらえるかな?

アクセルちゃん
あなたの立場が上の場合

SCENE4

出張先のホテルの手配なんだけど、○○さん、お願いします。

☞ **出張先のホテルの手配なんだけど、○○さん、お願いしちゃっても大丈夫?**

SCENE5

○○さんのこと、○○くんって呼ぶね。

☞ **○○さんのこと、○○くんって呼んでも…いいかな?**

半歩下がって!
依頼は Yes-No で答えられる疑問文で、命令は Yes-No の余地のない指示文です。
「お願い」という言葉を使えば、依頼になるというものではありません。
疑問文で相手に Yes-No の選択権を与えて、初めて依頼になります。部下にたいしては、もちろん、指示が基本でしょう。しかし、「明日まで」のような無理なお願いには、相手に選択権を与えることが必要です。

第1講 お願いする。

気遣いは誰にたいしても必要です。

2 謝罪の言葉を添える

SCENE1

これ、人数分コピーしておいてくれる？
至急ね。

☞ **忙しいところ悪いんだけど、
これ、人数分コピーしておいてくれる？
突然でごめんね。**

SCENE2

来月の接待、いい感じのお店を探して予約してくれる？

☞ **悪いんだけどさ、
来月の接待、いい感じのお店を探して予約してくれる？
いつも申しわけない！**

SCENE3

今月の会議日程をお知らせいただけますか？

☞ **恐れ入りますが、
今月の会議日程をお知らせいただけますか？
お忙しいところ、まことに申しわけありません。**

アクセルちゃん
あなたの立場が上の場合

SCENE4

帰りにパンと牛乳を買ってきてくれるかな？

☞ 悪い！　帰りにパンと牛乳を買ってきてくれるかな？
申しわけないねー。

SCENE5

シー。ちょっとだけ黙っててもらえる？

☞ シー。ごめん！
ちょっとだけ黙っててもらえる？

半歩下がって！
急いでいるときは、周囲にいる部下や後輩に、つい高圧的に指示してしまいがちです。しかし、みんなそれぞれ自分の仕事を抱えているわけです。
だから、いつどんなときでも「ごめんね」の配慮を含めること。そうすれば、人間関係はそう簡単にぎくしゃくしません。
「親しき仲にも礼儀あり」がポイントです。

部下や後輩は、上司や先輩の役に立ちたいものです。

3 「ありがたい」表現にする

SCENE1

帰る途中で、商店街に寄って○○を買ってきて。

☞ 帰る途中で、商店街に寄って○○を買ってきてもらえると、ありがたいんだけど。

SCENE2

みんなの予定が合うのが○日と□日なんだったら、○日の方が都合がいいので、○日にして。

☞ みんなの都合が合うのが○日と□日なんだったら、○日の方が都合がいいので、できれば○日にしてもらえたら最高です。

SCENE3

先に現地に行って、準備を進めておいてください。

☞ 先に現地に行って、準備を進めておいてくださると非常に助かります。

アクセルちゃん
あなたの立場が上の場合

SCENE4

来月の当番をだれにするか、このメンバーで決めておいて。

☞ 来月の当番をだれにするか、
このメンバーで決めておいて**くれると嬉しいんだけど**。

SCENE5

すこしのあいだだけ、手を貸してくれる?

☞ **すこしのあいだだけ、手を貸してくれると助かるんだけど。**

半歩下がって!
部下や後輩など、立場が下の人にたいしては、どうしても指示になりがちです。背景には、「してもらって当然」という意識があります。
そこを「してくれてありがとう」に変えるだけで、人間関係が改善します。「助かります」「ありがたい」は魔法の言葉です。

第1講 お願いする。

慣れてくると、あうんの呼吸で伝わると思い込みがちです。

4 具体的に伝える

SCENE1

もうすぐお客様がお見えになるから、
何かドリンクでも買ってきてもらえるかな？

☞ **1時間ほどしたら、お客様が3名お見えになるから、
冷たいお茶でも買ってきてもらえるかな？**

SCENE2

この内容で間違いないかどうか、先方に、なる早で確認して
おいてくれる？

☞ **この内容で間違いないかどうか、担当の○○さんに確認して
もらって、○月○日までにお返事もらえるように連絡しておい
てくれる？**

SCENE3

安くて早く仕上げてくれる会社を、
適当に探して早めに連絡してください。

☞ **予算100万円以内で1ヵ月くらいで仕上げてくれる会社を数
社ピックアップして、それを部長と営業の○○さんと、それか
らぼくに今週中にメールしてください。**

LESSON 1

あなたの立場が上の場合

SCENE4

弊社にご到着になりましたら、インターホンで呼び出してください。

☞ 弊社にご到着になりましたら、受付テーブルの右脇にあるインターホンで、3階の第一営業部の○○を呼び出してください。

SCENE5

そこに置いてあるダンボールをどうにかしておいて。

☞ そこに置いてあるダンボールを開封して、なかに入っている品物の半分をわたしのデスクの上に、残り半分は倉庫の奥にある茶色の棚にしまっておいてもらえるかな。ダンボールは潰して、廊下に出しておいてくれるとありがたいんだけど。

半歩下がって！

なにをいつまでにしてほしいのか、情報を十分に伝えないと、あとでトラブルになりがちです。

「あいつ、気が利かないなあ。」気が利かない「あいつ」とは、部下や後輩のことではなく、自分自身のことかもしれないのです。

第1講　お願いする。

その気にさせるには、理由が決め手です。

5 動機づけをする

SCENE1

○○省主催の会議に出席してくれないか?

☞ ○○省主催の会議に出席してくれないか?
関係団体も多く来るらしいので、君が前から望んでいたコネクションを作るチャンスだと思うよ。

SCENE2

チラシを配ってくれませんか?

☞ 一枚でも多く配るほど、確実に売上につながるので、
チラシを配ってくれませんか?

SCENE3

イベントの招待状、かならず今日中に出しておいてくれる?

☞ 明日からの連休を挟むと、
開催日までぎりぎりになってしまうから、
イベントの招待状、かならず今日中に出しておいてくれる?

アクセルちゃん
あなたの立場が上の場合

SCENE4

その進行表、○○さんにもチェックしてもらったほうが良いと思います。

☞ **前回、○○さんが仕切って、進行がとてもスムーズにいったので、その進行表、○○さんにもチェックしてもらったほうが良いと思います。**

SCENE5

ごはん、一緒に行ってくださいよ。

☞ **このあいだの話の続きを聞きたいので、
ごはん、一緒に行ってくださいよ。**

半歩下がって！

なぜそれを依頼するのか、理由を示すだけで、依頼された側のモチベーションは高まります。とくに、依頼された側にとってプラスになる情報があると、がぜんやる気が湧いてくるものなので、相手もアクセルちゃんなら、そこを強調すると効果的です。

第1講　お願いする。

強く言われると、反発したくなるのが人間の性です。

6 公共性に訴える

SCENE1

（ものを出しっぱなしの人に）
ルールなので、きちんと守ってもらえませんか。

☞ **お客様がいらしたときの印象もあるので、
整理をお願いできませんか。**

SCENE2

次回は出席していただけませんか。

☞ **重要な議題を出席者だけで決めるのは不安だという声が増えているので、
次回は出席していただけませんか。**

SCENE3

使いおわったら、かならず元の場所に戻してください。

☞ **あとの人が困るので、
使いおわったら、かならず元の場所に戻してください。**

アクセルちゃん
あなたの立場が上の場合

SCENE4

風邪を引いているのなら、無理をせず休んでください。

☞ **ご自身もつらいでしょうし、まわりもかえって気を使ってしまうので、** 風邪を引いているのなら、無理をせず休んでください。

SCENE5

よかったら、この本を読んでみてください。

☞ **著名な経営者が口をそろえて「絶対読むべき本だ」と言っているので、**
よかったら、この本を読んでみてください。

半歩下がって!

杓子定規に「決まりなので」と言うと、言われた相手は、内容とは無関係に反発したくなります。
公共性に訴えつつ、「注意する」のではなく、「お願いする」気持ちを伝えれば、うまく解決する道が開けます。

第1講 お願いする。

ときには相手に考えさせます。

7 相手から答えを引き出す

SCENE1

上司「この件、先方が誤解してるみたいだね。直接会って話してきてもらえないかな？」

☞ 上司「この件、なかなかうまく話が進んでないみたいだね。どうしたらいいと思う？」

部下「まずは直接会って話してきたほうがいいと思うんですが…。どうでしょうか？」

上司「それはいい考えだね。ぜひ、そうしてくれる？」

SCENE2

部下「もう、どうしたらいいかわからないんです！」
上司「こうしたらどうかな？」

☞ 部下「もう、どうしたらいいかわからないんです！」
上司「どういう状態になるのが、あなたにとってベストだと思う？ そこから考えてみたらどうかな？」

アクセルちゃん
あなたの立場が上の場合

SCENE3

部下「こちらの説明が足りなかったようで、先方を怒らせてしまいました」

上司「あらら…。すぐに行って、丁重に謝ってきて！」

☞ 部下「こちらの説明が足りなかったようで、先方を怒らせてしまいました」

上司「それは困ったね。**どうしようか？**」

部下「すぐ会いに行って、謝ってこようと思うのですが…」

上司「そうね。それがいいと思う。くれぐれも丁重にね！」

SCENE4

なんてことをしてくれたんだ。
どうしてそんなひどいことになってしまったんだ？

☞ **それは大変なことになってしまったね。難しいとは思うけど、どうすれば解決できるのかなあ？**

半歩下がって！
こちらの思った通りにやってもらうには、ヒントだけ与えて、相手の口からそのやり方を話させることがポイントです。
部下がそのように言ってきたら、初めて気づいたような調子で話します。すると、部下も自分のやり方に賛同してくれたんだなとやる気が起きるし、自ら学ぶこともできます。

第1講　お願いする。

【まとめ】
ONEGAI-SURU

「立場が下の人」は、お願いすること自体に遠慮があります。しかし、遠慮があると、依頼自体ができないこともありますし、勇気を出してお願いをしても、相手はその遠慮を察し、引き受けてもらえる確率が下がってしまいます。

引き受けてもらうには、お願いできるような文脈を作ることです。

その文脈とは「適切な前置きをすること」。心苦しさを示す「が」「けど」がふつうですが、「ので」という理由をつけて、相手を頼りにしたり、食い下がったり、積極的に相手と関わろうとすると、うまくいく可能性が広がります。

反対に「立場が上の人」は、依頼することを当然と思いがちです。

だから、引き受けさせることには成功したとしても、相手の意思を無視したものになりやすく、自分でも気づかないうちに部下の心が離れていってしまいます。

そうならないためには、まず、「〜して」という指示文ではなく、「〜してもらえないかな?」という疑問文でお願いすることが大切です。疑問文で聞いてはじめて、相手はイエス・ノーで答えられるようになるからです。

また、「すみません」「ごめんね」のような謝罪表現、「助かる」「ありがたい」のような感謝表現を添えることで、「引き受けてくれて当然」というニュアンスが薄れます。

さらに、お願いの「数字」や「場所」、「人」や「手順」が具体的であるほど、相手は動きやすくなります。また、「その人が動くべき理由」を添えることで、相手のモチベーションを上げることも可能です。

LESSON 2

Intensive Course In Communication Skills for Adults:
Toward Communicating Your Feelings Effectively

第2講
断る。

あいまいにならず、きつくも聞こえない
信頼関係を壊さない「断り」の言葉

【断りの基本】

OKOTOWARI-SURU

まわりの人からの誘いを断るときは、大なり小なり胸が痛みます。断るということは、相手のことを部分的に拒絶したかのように感じるからです。

相手はプライドを傷つけられることもあります。

また、実際はプライドが傷ついていなくても、「相手のプライドを傷つけてしまったのでは」とこちらが勘ぐってしまうときもあります。

「拒絶」が存在しなくても、おたがいの心を傷つけてしまうことがある。そこに、人間関係の危機が潜んでいるのかもしれません。

そもそも、**わたしたちは心のどこかで「人の役に立ちたい」と思っている**ので、人の期待を裏切ることに心理的な抵抗を持つようにできているのです。

でも、もちろん断らなければならないときもあります。
問題なのは、相手に気をつかいすぎるあまり、望まないのに承知してしまうのはもちろん、返事をあいまいにしてしまったり、理由をくどくど説明してしまうこと。
しかし、断ること自体は悪ではありません。
都合がつかないとき、希望しないとき、無理をしたくないとき、「**きちんと断る**」**ことは、自分の人生を守るうえでとても大切なこと**です。

断るときの基本は、当たり前ですが、**まずはっきり断ること**です。そのうえで、
1、声をかけてくれて嬉しいという気持ち
2、できれば受けたかったという気持ち
3、応えられなくて申しわけないという気持ち
4、どうしても断らざるをえない理由
などを、あいまいにせず、きちんと言葉にすることが大切でしょう。

この章では、**あいまいにならず、きつくも聞こえない、信頼関係を壊さない断りの言葉**を、みなさんと一緒に考えます。

ブレーキさん
おもにあなたの立場が下の場合
(部下・後輩・サービスする側など)

断るときは覚悟を決めましょう。

1 きっぱり断る

SCENE1

あいにくほかの予定が入っているのですが、
参加できるかもしれないので、できたら出席します。

☞ **あいにくほかの予定が入っているので、
出席できません。**

SCENE2

(なんとなく気が乗らないときに)
うーん、とくに予定はないんだけど…。

☞ **ごめん、明日はちょっと遠慮するね。
来月はどうかな? おいしいお店を予約しておくよ。**

SCENE3

(今は必要ない物をすすめられて)
必要になるかもしれないので、もうすこし検討させてください。

☞ **せっかくですが、今回は遠慮させてください。**

ブレーキさん
あなたの立場が下の場合

SCENE4

（投資などの勧誘を受けて）もしかしたら興味を持つ者もいるかもしれませんので、まわりに聞いてみます。

☞ **申しわけありませんが、こういったお話はすべてお断りさせていただいています。**

SCENE5

（気乗りしない旅行に誘われて）
行こうと思えば行けなくもないんだけど、どうしようかな…。

☞ **ごめんね。今回は気乗りしないので、見送ります。**

一歩前へ！

ブレーキさんは、ついその場で断りを避ける返事をしてしまいます。しかし、あいまいな出席の返事は、相手にかえって迷惑をかけます。迷っているときは、結論を先延ばしせず、「出席できない」と返事をしてしまいましょう。
万が一、出席できる状況になれば、あとでそのように伝えたほうが好感を持ってもらえます。

第2講 断る。

判断をゆだねる方法もあります。

2 厳しい旨を添えて、相手に預ける

SCENE1

あいにくほかの予定が入っていて、
出席できそうもないのです。

> **申しわけありません。
> あいにくほかの予定が入っているのですが、
> 出席したほうがよろしいでしょうか？**

SCENE2

今スケジュールがいっぱいなので、
その仕事は受けかねるのですが。

> **その仕事、受けたいのはやまやまなんですが、3ヵ月ほど先までスケジュールがいっぱいなんです。だいぶお待たせしてしまいそうなんですが、いかがしましょう？**

SCENE3

現在、使用しているコピー機と比べて、価格も性能も大差ないので必要なさそうです。

> **上司より「ほぼ同じ性能である以上、3割以上安くならなければ買い換えるな」ときつく言われています。それだとさすがに厳しいですよね。どうしましょう？**

ブレーキさん
あなたの立場が下の場合

SCENE4

今夜の会合の参加、かなり厳しそうです。

☞ 今夜の会合に参加させていただくとなると、今担当させていただいているお仕事に大幅な遅れが出てしまいそうなのです。どちらを優先したほうが良さそうでしょうか？

SCENE5

誘ってくれて嬉しいんだけど、その日は父と約束があるので無理かも…。

☞ 誘ってくれて嬉しいんだけど、その日は父と約束があって…。父と一緒だと、あなたもうちの父もおたがいに気疲れするかもって思うんだけど、それでもいいかしら？

一歩前へ！
きっぱり断ったほうが良いとわかっていても、それがなかなかできない人もいるでしょう。
そんなときは、厳しい条件を添えて、相手にゲタを預けるという方法があります。自分で断るのではなく、相手に断らせるのです。
相手から「それなら仕方ないね」と言ってもらえると、こちらの気も楽になります。

第2講　断る。

ひたすら謝ると、おたがいますます気づまりになります。

3 感謝の気持ちを添える

SCENE1

せっかく誘ってくださったのに、
今回はほんとうに申しわけありません。

☞ **誘ってくださってありがとうございます。**
次回はかならず参加したいので、
また機会があればぜひ誘ってください!

SCENE2

せっかくお誘いいただいたのに、
行けなくて心苦しいです。

☞ **○○さんにお誘いいただけたことが、ほんとうに嬉しかったです。**
次は絶対行きたいので、良かったらまたお誘いください!

SCENE3

ご期待に添えず、申しわけありません。

☞ **ほかならぬ○○さんからのお願いだから、ほかをすべて断ってでもお受けしたかったですが、今回はそうもいかず、ほんとうに残念です。**
もし次の機会がありましたら、ぜひお声をかけてください!

ブレーキさん
あなたの立場が下の場合

SCENE4

今回は辞退したいと思います。

まさか○○さんから声をかけていただけるなんて夢にも思いませんでしたので、今回いただいたお話は身に余る光栄です。今後ともよろしくお願いいたします。

SCENE5

先輩からのお願いでも、さすがにそれはできません。

○○さんからそう言ってもらえるなんて嬉しいです。ずっと尊敬していた人に認められた感じがして…。わたしの実力に見合うお仕事のときには、ぜひお手伝いさせてください。

一歩前へ！
心苦しく思われると、誘った側も心苦しくなります。
断るときの、気まずい雰囲気を避けるためにも、「誘ってくれてありがとう」という感謝の気持ちを伝えること。
断りによる暗さが晴れ、おたがいに前向きな気持ちになれます。

第2講　断る。

責められたくないと、苦しまぎれに言いがちです。

4 具体的なウソを避ける

SCENE1

まことに心苦しいのですが、
その日は法事がありまして（ウソ）、お伺いできません。

☞ **まことに心苦しいのですが、
その日はどうしても外せない用事があって、
お伺いできません。申しわけありません。**

SCENE2

週末は病気している親戚の見舞いに行かなければいけないので（ウソ）、ごめんなさい。

☞ **週末は久しぶりに家族とゆっくりしたいので、ごめんなさい。**

SCENE3

メールの調子が悪くて（ウソ）、お断りのお返事ができませんでした。

☞ **お断りのお返事をすることを、失念しておりました。
申しわけありません。**

ブレーキさん
あなたの立場が下の場合

SCENE4

明日、朝イチで打ち合わせがあるので（ウソ）、今日の飲みは遠慮しておきます。

☞ **明日、朝早いので、今日の飲みは遠慮しておきます。すみません。**

SCENE5

ほかにこれにしようと決めている商品があるので（ウソ）、これはやめておきます。

☞ **正直、わたしの趣味に合わない商品なので、これはやめておきます。**

一歩前へ！

断るときに理由を添えると、相手の気持ちも和むかもしれませんが、ウソの理由はいけません。ばれたときの後始末が大変ということではなく、「後ろめたい」という気持ちが、その場で相手に伝わってしまうのです。

ぼかした内容であっても、ほんとうの理由を言えば、いいわけのかわりに謝罪の言葉が自然と口をついて出てきます。

第2講　断る。

理由は、長くなるほどいいわけに聞こえます。

5 理由はシンプルに伝える

SCENE1

お引き受けしたいのはやまやまですが、
来週の会議のプレゼン資料もまだですし、
取引先から見積もりを至急出せと言われていますし、
先ほど課長から報告書の作成も依頼されてしまったので、
お引き受けできません。すみません。

☞ **お引き受けしたいのはやまやまですが、
今は頼まれた仕事が多すぎて、手が回りません。すみません。**

SCENE2

ほかにも似たようなお話をたくさんいただくのですが、まだこちらに赴任してきたばかりですし、なにが必要で、なにが不必要なのかも選別できておりませんし、わたしひとりでは判断がつかないということもありまして、とにかく、今のところは間に合っておりますので、見送らせてください。

☞ **ほかにも似たようなお話をたくさんいただくのですが、
今のところは間に合っておりますので、見送らせてください。**

ブレーキさん
あなたの立場が下の場合

SCENE3

> いえいえ。先月もおごっていただいたばかりですし、むしろ最近お世話になっているのはこちらのほうですし、この業界ではわたしが後輩ですが、年齢はわたしが上ですし、なによりも次にお誘いしにくくなりますから、ここは割り勘にさせてください。

☞ **いえいえ。次にお誘いしにくくなりますから、ここは割り勘にさせてください。**

一歩前へ！
書き言葉、とくに論文なら、理由が多いほど説得力は上がります。しかし、話し言葉の場合、相手が知りたいのは理由でなく結論です。
理由を並べれば並べるほど、いいわけにしか聞こえなくなるでしょう。くどくど説明したくなる自己防衛本能をぐっとこらえるほうが賢明です。

第2講　断る。

下手な理由は、相手の劣等感を刺激します。

6 理由は重くする

SCENE1

会社の懇親会、出席できず、すみません。
学生時代の後輩と、久しぶりに飲んで話す予定がありまして。

☞ 会社の懇親会、出席できず、すみません。
学生時代の後輩に、相談があるのでどうしても会ってほしいと言われていまして。

SCENE2

先日は新店舗の内装デザインにかんするご提案をありがとうございました。
クライアントさんがいまいちピンとこなかったようなので、御社よりも先にご提案くださった会社様にお願いいたしました。

☞ 先日は新店舗の内装デザインにかんするご提案をありがとうございました。
クライアントさんが目指す方向性と異なったようなので、御社よりも先にご提案くださった会社様にお願いいたしました。

SCENE3

ごめん。その日は別の約束があるんだ。

☞ ごめん。その日は10年ぶりに会う人と約束しちゃったんだ。

ブレーキさん
あなたの立場が下の場合

SCENE4

お声をかけてくださって、ありがとうございます。
とても残念ですが、その日は町内のもちつき大会があるので、お邪魔できません。

☞ お声をかけてくださって、ありがとうございます。
とても残念ですが、<u>その日は外せない地域行事があるので</u>、お邪魔できません。

SCENE5

ドラマの続きを観たいから、開始時間に間に合わないと思う。
だから今回は遠慮するね。

☞ <u>しばらく家を出られない用事があるので</u>、開始時間に間に合わないと思う。
だから今回は遠慮するね。

一歩前へ！

断りの理由は、それが相手にどう受け取られるか、慎重な吟味が必要です。二つの用事を天秤（てんびん）にかけた上で、もう一方の用事を優先したことになるからです。

その優先順位が、相手の自尊心を傷つけることもあるでしょう。伝えにくい理由は「外せない用事で」「家庭の事情で」などとぼかしましょう。

第2講　断る。

アクセルちゃん
おもにあなたの立場が上の場合
（上司・先輩・客など）

断ることは、大なり小なり相手にダメージを与えます。

1 断ることに慣れない

SCENE1

今週は無理です。

☞ **先週だったら行けたんだけど。
タイミングが合わなくて、ごめんね。**

SCENE2

いやー、突然こんなにたくさん仕事を渡されても無理だよ。無理に決まってるでしょ。

☞ **いやー、もうちょっと早く仕事を渡してくれたら、できたかもしれないけど。この量はさすがに厳しいかなあ。**

SCENE3

この領収書、提出期限が切れちゃってるのでだめですね。受理できません。

☞ **この領収書、提出期限が切れちゃってるみたいですね。何とかならないか、経理にかけあってみますが、ちょっと難しそうです。**

アクセルちゃん
あなたの立場が上の場合

SCENE4

明日までですか？　それはできませんよ。
無理無理。物理的にありえない。

☞ **明日までですか？　しあさってじゃだめですか？
どんなにがんばっても、あさっての夕方が限度です。**

SCENE5

そういうサービスは一切行っておりません。

☞ **ごめんなさい。そういうサービスは一切行ってないのですが…。
よかったら、かわりにこんなサービスはいかがですか？**

半歩下がって！

人によって感覚が鋭い、鈍いの違いはあるかもしれませんが、お願いするほうはたいてい相手がどう思っているのか、心配しながらお願いしています。
その気持ちを「無理」「だめ」「できない」と一方的に切り捨てると、相手は傷つきます。
断って当然という感覚は捨て、相手を思いやるセンスをみがきましょう。

相手のせいではなく、自分のせいにします。

2 相手の興味を立てる

SCENE1

そういうのはまったく興味がないので、やめておきます。

☞ そういうのは**面白いとは思うのですが、仕事が忙しくて、時間的にも余裕がないので、**やめておきます。

SCENE2

要りません。
そういう食べ物がおいしいって思う人の気が知れないです。

☞ そういう食べ物がお好きなんですか？
でも、**わたしは味覚が保守的なほうなので、**遠慮しておきます。

SCENE3

え、あんな退屈そうな映画を観たいんだ？
行かないよ。わたし絶対、途中で寝ちゃうもん。

☞ ああいう深い映画が好みなんだね。
わたしは単純明快な映画しか理解できないから、ちょっと無理だなあ。

アクセルちゃん
あなたの立場が上の場合

SCENE4
> うわ、あの頭の悪そうなメンバーと飲むんですか？
> 信じられない。話が噛み合わなくて疲れるだけですよ。

☞ **あのメンバーと飲むんですか？**
面白そうだけど、ちょっとわたしはやめとくわ。
あのノリについていく自信がないので。

SCENE5
> また、そんなものを買わされて。いや、わたしは要りません。
> そういうのにだまされるほど子どもじゃありません。

☞ **また、そういうものを買ってきたんですか。**
いや、わたしはけっこうです。
そういうのにめっきり疎いもので。

半歩下がって！
自分本位な断り方をすると、人の心は離れてしまうものです。「興味がないことに誘われても迷惑」という気持ちは誰にでもあるものですが、それをそのまま言葉にすると、相手はショックを受けます。人の趣味や価値観を否定することなく、あくまでも自己都合という理由でやんわりと断ることに努めましょう。

突き放すと、見放されます。

3 厚意に謝意を示す

SCENE1

すみませんが、余計な口出しはお控えください。

☞ **お気持ちはありがたいのですが、
自分たちでどこまでできるか試してみたいので、
もうすこしだけ、そっと見守っていただけませんか？**

SCENE2

もうこれ以上、世話を焼いてくれなくても大丈夫です。自分ひとりでできます。

☞ **ありがとうございます。いろいろ考えてみましたが、なんとかひとりでやれそうです。お力を貸していただきたいときは、あらためてこちらから声をかけさせていただきます。**

SCENE3

なにからなにまで口を出されると、やりにくくなります。これはわたしの仕事ですので、放っておいてください。

☞ **なにからなにまで、お気遣いありがとうございます。わたしの役目としてお任せいただいている仕事なので、お気持ちだけ頂戴し、あとはできるだけ自分の力でやってみます。**

あなたの立場が上の場合

SCENE4

あなたにいったいなにがわかるというのです？
あなたには関係ないでしょう？
もうこれ以上首を突っ込まないでください。

○○さんは経験豊富なので、わたしのような未熟者の仕事を見ていると**歯がゆくてならないことはわかります。ですが、気にかけていただけただけで十分ありがたいので、どうかこれ以上ご心配なさらないよう、お願いいたします。**

半歩下がって！
とりつく島を与えない態度は信頼感を損ねます。また、むやみに敵を作ると、あとで足を引っ張られかねません。
大切なことは、「相手を拒絶しない姿勢」をできるだけ見せることです。謝意を示しつつ、やんわりと。

それがダメでも、ほかに選択肢があるかもしれません。

4 代替案も合わせて示す

SCENE1

それは厳しいです。

☞ **それは厳しいんですが、ほかの方法だったら可能かもしれません。**

SCENE2

あいにく今日は混雑しているので、いくら待っていただいてもお席の確保は保証できません。

☞ **あいにく今日は混雑していますが、来週以降の月、水、金のいずれかであれば、今ならお席を確保できます。**

SCENE3

これ以上、値引きをすることはできません。

☞ **これ以上、値引きをすることは難しいのですが、かわりにオプションを2つサービスさせていただきます。それで、いかがでしょうか？**

アクセルちゃん
あなたの立場が上の場合

SCENE4

いくら同好会でも、会長なんて要職はわたしには無理です。

☞ **いくら同好会でも、会長なんて要職はわたしには無理です。ただ、会長を補佐する役割なら、喜んでお引き受けさせていただきます。**

SCENE5

立場上、わたしは担当できません。

☞ **立場上、わたしは担当できないのですが、かわりにわたし以上に優秀なスタッフを紹介できます。**

半歩下がって！

「なんとかあなたの希望に添いたい」という姿勢を示しましょう。今は無理でも、来週になればOKのことも、それは無理でも、別の方法ならばOKのこともあるはずです。
「断って終わり」ではなく、別の方法も探してみることで、新たな可能性が生まれます。

手あかのついた理由だと思われないように。

5 理由は詳しく伝える

SCENE1

今日、体調不良で、行けないの。

☞ **今日、急にお腹壊しちゃって、家のトイレから離れられないの。**

SCENE2

上からNGが出てしまいましたので、一旦保留とさせてください。

☞ **部長に頼み込んで、二度、会議にかけてもらったんですが、どうしても社長を説得することができなかったようなので、一旦保留とさせてください。**

SCENE3

ちょっと都合が悪いので、明日の飲み会は欠席させてください。

☞ **あさってが健康診断なので、明日の飲み会は欠席させてください。**

アクセルちゃん
あなたの立場が上の場合

SCENE4

ごめん、今月、お金ピンチなのでやめとく！

 ごめん、今月、友だちの結婚式とクルマの車検が重なっちゃって、お金ピンチなのでやめとく！

SCENE5

時間的に厳しいので、今回は見送らせてください。

 成田空港に到着するのが8時半前後なので、渋谷に9時というのは厳しそうです。
今回は見送らせてください。

半歩下がって！

断る理由がたとえ事実でも、「いかにもありがちな理由」に聞こえたら、相手に「自分は軽んじられている」と感じさせてしまいます。

いい加減に断っているような印象を与えないように、理由が恥ずかしい場合もあるかもしれませんが、できるだけ内容をぼかさず伝えたほうがいいでしょう。

ときにはユーモアを交えます。

6 お返しする

SCENE1

（お酒をすすめられて）
ごめんなさい。飲めないんです。

> ごめんなさい。飲むのは苦手で、注ぐのが得意なんです。
> さあ、グラスをどうぞ。

SCENE2

（カラオケで歌うことをすすめられて）
歌えないんです。

> 実家の母から「お前は人様の前で歌うな」ってきつく止められてるんです。
> そのかわり、○○さんの歌を盛り上げますよ！

SCENE3

（「最近あった嬉しいこと」を聞かれて）
とくになにもないです。浮いた話もないですし。

> わたしに聞いてるそばから○○さん、もう自分が言いたくてたまらないって顔じゃないですか？
> 教えてくださいよ。最近どんな嬉しいことがあったんですか？

アクセルちゃん
あなたの立場が上の場合

SCENE4

(「どうぞ先に食べて」とすすめられて)
いえいえ、先輩のほうからお先にどうぞ。

> **いえいえ、毒味は先輩のほうからお先に。**

SCENE5

(部長から「みんなの前で、今回の商談を成功させた秘訣について話してくれ」と頼まれて)
そんな、とんでもない!
部長に指導していただいたおかげですから。

> **部長から教わったことを一から十まで丁寧に話すことになりますが、それで良いでしょうか?**
> **でもそれなら、部長自らお話しになったほうが良いですよね?**
> **みんなも部長のお話を聞きたいと思いますよ。**

半歩下がって!

お酒をすすめてくる人の例で言えば、自分が飲みたいから、そのタイミングで相手にすすめる場合があります。
そんなとき「飲めないんです」と言下に断ってしまうと、相手が気分よく飲みにくくなってしまうかもしれません。相手の欲求を素早く察し、相手の身になって考えて、上手にお返ししてあげましょう。

【まとめ】
OKOTOWARI-SURU

ブレーキさんは相手を傷つけることを怖れて、断り方がついあいまいになりがちです。

しかし、それは優しさではありません。ただ単に「あいまいに断れば、かえって人を傷つける」という事実から、目をそむけがちだということです。心からの謝罪の言葉を添えながらも、はっきりと断ることが、相手にたいするほんとうの思いやりにつながります。

また、自分に責任が生じるのを避けようと、理由を詳しく並べたてる人がいます。たとえその理由がほんとうだとしても、説明すればするほど、いいわけのように伝わるだけでなく、かえって断りにくくなる状況を作ってしまいます。「断る理由」を伝えるときは、できるだけ簡潔にしましょう。

反対にアクセルちゃんは、断ることによるリスクを軽視しがちです。
断られる側は、大なり小なり心にダメージを受けるものですから、こんなことで気にしないだろうと高をくくって、いい加減な気持ちで断っていると、知らぬ間に人の心は離れていきます。
だから、面倒でも、誘ってくれた相手の厚意にたいしては、丁寧に感謝の気持ちを示すことです。
また、言下に断るのではなく、一度「代案」を考えてみたり、残念な気持ちを多少誇張して伝えるなどして、相手を思いやる姿勢を示してみてください。

いずれにしても、断るときは、かならず理由を言うこと。
そして、理由を過不足なく説明することです。
また、とくに断る理由がなくても、感謝の気持ち、残念だという気持ちを伝えることは欠かせません。
期待に応えたいけど応えられないという共感の気持ちさえきちんと示せれば、人間関係に角が立つことはないでしょう。

LESSON 3

Intensive Course In Communication Skills for Adults:
Toward Communicating Your Feelings Effectively

第3講
声をかける。

会話が自然と続いていく
「声かけ」の言葉

【声かけの基本】

KOEWO-KAKERU

すべてのコミュニケーションは、「話しかける」ことから始まります。

これは当たり前のことなのですが、どう話しかければ相手とのコミュニケーションがうまく続くか、と真剣に考えはじめてしまうと、かえって難しくなります。

ブレーキさんは、自分のほうから人になかなか声をかけることができません。
相手からどんな反応が返ってくるか、わかりませんし、返ってきた反応にうまく対応できるかどうか、自信が持てないからです。

誰にでもコミュニケーション不安はあるものですが、なんにせよ、人と接するには声をかけるところから始めるしかありません。
対応は、反応が返ってきて初めてできることであり、それはどんなにコミュニケーション上手な人であっても同じです。
ただ、相手がどんな年齢の、**どんなタイプの人であっても、自然に会話が発展しやすいフレーズ**というものがあります。
それを今回、みなさんと一緒に考えていきたいと思います。

一方、積極的に声をかけることができるアクセルちゃんは、返ってきた反応に対応することも、苦にならないかもしれません。
ですが、話しかけ方や、話しかける内容に配慮を欠き、しばしば相手を不快な気分にさせてしまったり、迷惑に思わせてしまうことがあります。
相手を不快にさせない声のかけ方には、いったいどんなものがあるのでしょうか。

この章では、**相手の心に自然と入り込み、気持ちよく会話を弾ませるきっかけとなる声かけの言葉**を考えていきます。

第3講　声をかける。

ブレーキさん
おもにあなたの立場が下の場合
（部下・後輩・サービスする側など）

あいさつは、終わりではなく始まりです。

1 世間話を加える

SCENE1

おはようございます。いい天気ですね。

☞ **おはようございます。いい天気ですね。**
このあいだの連休も素晴らしいお天気でしたけど、どこかお出かけになりましたか？

SCENE2

はじめまして。素敵なオフィスですね。

☞ **はじめまして。素敵なオフィスですね。** ずいぶんピカピカですが、こちらの会社はいつからあるのですか？

SCENE3

こんにちは。いやー、日本勝ちましたね。

☞ **こんにちは。いやー、日本勝ちましたね。**
街のいたるところで大騒ぎでしたけど、○○さんは試合をどこでご覧になりましたか？

ブレーキさん
あなたの立場が下の場合

SCENE4

どうも。今日は日差しが強いですね。

 どうも。今日は日差しが強いですね。サングラスがほしいぐらいですね。わたしはメガネだから、サングラスをかけられないんですが、○○さんは目はいいほうですか？

一歩前へ！
あいさつはこちらから。相手の目を見て、はっきりと。
しかし、ほんとうに大切なのは、あいさつの次。あいさつして終わり、にしないことです。
今日、外で会った人と、ちょっと雑談をしてみましょう。電車のなかで、あるいは歩きながら、かけるひと声を考えておいて、タクシーの運転手でも、近所でおそうじをしているおばさんでも、機会があればこちらからひと声かけてみるのです。
もしもそこで1分間でも世間話ができれば、その日1日のコミュニケーションにすこし自信が湧いてきます。わたし自身は、コンビニやカフェの店員に話しかけることにしています。

第3講　声をかける。

相手の居場所を自分の心に作ります。

2 相手を話題にする

SCENE1

おはよう。今日も寒いね。

☞ おはよう。今日も寒いね。
風邪はどう？　もうよくなったのかな？

SCENE2

おつかれさまです。髪切ったんですね。

☞ おつかれさまです。髪切ったんですね。
前髪あるの、かわいいですね。いいなあ。
どこの美容院ですか？

SCENE3

こんにちは。今日の服はいつもと雰囲気が違いますね。

☞ こんにちは。今日の服はいつもと雰囲気が違いますね。
明るい色もよくお似合いですね。
今夜はパーティーかなにかですか？

ブレーキさん
あなたの立場が下の場合

SCENE4

おひさしぶりです。もう1年ぶりくらいでしょうか？

☞ おひさしぶりです。もう1年ぶりくらいでしょうか？
前回お会いしたときは「アフリカに旅行に行く」とおっしゃっていましたが、アフリカ旅行はどうでした？

SCENE5

どうもごぶさたしております。
去年の合同説明会でお会いして以来ですね。

☞ どうもごぶさたしております。
去年の合同説明会でお会いして以来ですね。
息子さん、無事受験に合格されたそうで、おめでとうございます！

一歩前へ！
社交的な人は、相手のことをよく憶えています。眼鏡や時計が変わっただけでも、気づいて話題にしてくれる人がいます。
「自分にはそんな記憶力はない」という人もいるでしょう。でも、相手が前回会ったとき、どんな状況だったかは、憶えておけるはずです。そのときの記憶にアクセスできれば、話題は自然に生まれます。

第3講　声をかける。

相手の行動のプラス面を評価します。

3 相手の長所を言葉に添える

SCENE1

あ、○○さん、またお会いしましたね。

👉 あ、○○さん、またお会いしましたね。
○○さんって、懇親会に毎回かならず参加してくださいますね。
いつもありがとうございます。

SCENE2

デスクの上に書類を置いておくね。

👉 デスクの上に書類を置いておくね。
しかし、○○さんはいつもデスクをきれいに整頓してるね。

SCENE3

わたしと一緒に残ってくれるんだ。ありがとう。

👉 わたしと一緒に残ってくれるんだ。ありがとう。
○○さんって、そういうとこ、ほんと優しいよね。

ブレーキさん
あなたの立場が下の場合

SCENE4

こっちのほうでお会計は済ませておいたから。

☞ こっちのほうでお会計は済ませておいたから。
いやー、〇〇さんがいつも終電の時間を気にしておいてくれるから助かるわ。

SCENE5

みなさん、終始にこやかに話されてましたね。

☞ みなさん、終始にこやかに話されてましたね。
きっと、〇〇さんの笑顔が素敵だから、つられてしまうんでしょうね。

一歩前へ！
人にはかならず取りえがあります。口数は少ないですが、飲み会にまめに顔を出す人。社交的ではないですが、仕事には絶対に遅刻しない人。口には出しませんが、定期的にゴミ出しをしてくれる人。風邪気味のとき、そっとティッシュを差し出してくれる人。
ありがとうの目で、周囲の行動を見るゆとりがあれば、あいさつの言葉は自然に優しくなるでしょう。

第3講 声をかける。

会話は「3手の読み」で考えます。

4 ひとつ先の展開を読む

SCENE1

A「雨が降りそうですね」
B「そうですね」
A「……」（言葉が見つからない）

☞ A「雨が降りそうですね」
B「そうですね」
A「傘、持ってきました?」

SCENE2

A「今日は何人で来たんですか?」
B「ひとりです」
A「そうですか」

☞ A「今日は何人で来たんですか?」
B「ひとりです」
A「あ、じゃあ隣に座ってもいいですか?」

ブレーキさん
あなたの立場が下の場合

SCENE3

A「しかし暑いですね。のど渇きません?」
B「渇きます」
A「ですよね」

☞ A「しかし暑いですね。のど渇きません?」
B「渇きます」
A「ビールでも飲みにいきませんか?」

一歩前へ!

わたしは将棋が好きなのですが、将棋は「3手の読み」ができると、強くなるそうです。つまり、「こういう手を指す」→「相手はこうくる」→「そうしたら、こういう手を指す」というセットです。会話の話題もじつは同じです。「雨が降りそうですね」と話しはじめる時点で、「傘、持ってきました?」という次の質問を考えておくのです。そうすれば会話が1往復で終わることなく、芋づる式につながっていきやすくなります。

第3講　声をかける。

雑談上手は、話題の仕込みを欠かしません。

5 1日一つ話題を仕込む

SCENE1

最近、どこも不景気ですね。(話題が見つからない…)

> 最近、どこも不景気ですね。
> あ、そういえば今朝ニュースで見たんですけど、○○社が思いきった取り組みをするらしくて、業界の期待を一身に受けているみたいですが、○○さんはどう思われます？

SCENE2

なんか面白いことないかな。(話題が見つからない…)

> なんか面白いことないかな。
> と思って、休日、街をぶらついていたら、すっごい面白いお店を見つけちゃったんですよ！ ○○さんも興味ありそうなお店だと思うんですけど、どんなお店だと思います？

SCENE3

(話題が見つからない…) 今、何時だろう。

> 今、何時だろう。(とポケットから時計を出して)
> この時計、じつは不思議な機能がついているんですよ。ほら見てください。どんな機能か、わかります？

ブレーキさん
あなたの立場が下の場合

SCENE4

> はじめまして。今日はよろしくお願いします。（話題が見つからない…）

☞ はじめまして。今日はよろしくお願いします。
○○さんが大の野球好きだと伺っていたので、今日はいろいろ持ってまいりました！　○○選手のサイン入りフェイスタオル、メガホン、Ｔシャツ、ボール、どれでもほしいものを、お近づきの印に一つさしあげます。一つだけですよ！　ぼくも○○さんと同じ○○ファンなので（笑）。

一歩前へ！
いくら仕事の話ができても、雑談（話すこと自体が目的の話）ができないと、なかなか親しくなれないものです。
雑談に自信がない人は、雑談の準備をするという手があります。アクセサリーやデジタル機器、ポケットに入るもの、カバンに入るもの、など雑談の小道具はさまざまです。もちろん、朝に最新の時事ネタをいくつか拾っておいて、頭のなかに入れておくのも良いでしょう。
とくに、相手との共通の話題が不足しそうなときほど、雑談のネタをあらかじめ仕込んでおくと効果的です。

第3講　声をかける。

相手の名前と背景はきちんと把握しておきます。

6 下調べをする

SCENE1

○○さんでいらっしゃいますか？
今日はよろしくお願いします。

☞ あの、○○さんでいらっしゃいますよね？
今日はよろしくお願いします。
ほんとうに大勢の方が働いていらっしゃいますね。
御社は従業員が150名ほどいらっしゃるとホームページで拝見しましたが、実際見るとすごい規模ですね。驚きました。

SCENE2

ごぶさたしております。
最近、調子はどうですか？

☞ ごぶさたしております。
最近、御社の製品がとても注目されているじゃないですか！
○○さんの開発秘話をインタビュー記事で拝見しましたよ。

SCENE3

こちらのお店では、どういった商品が扱われているんですか？

☞ こちらのお店では、たしか食品、調味料、布製品、食器など、すべて天然素材のものを扱われているんですよね。天然素材のことで、○○さんに2、3、質問があるんですが。

ブレーキさん
あなたの立場が下の場合

SCENE4

オフの日はどう過ごされているんですか？

☞ ○○さんはたしか**写真と山歩きがお好きだとか。SNSで拝見してしまいました。**
わたしも最近写真と山歩きをはじめまして、良かったら今度、初心者の手引きとなる記事のご執筆をお願いしたいのですが。

SCENE5

こちらの会社にどれくらいお勤めなんですか？

☞ プロフィールで拝見したんですが、以前は○○社に勤めてらっしゃったんですよね。
ぼくの友人も同時期に○○社に勤めていたので、○○さんのことを聞いてみたら、仲が良かったそうじゃないですか！
○○っていうんですけど、憶えてらっしゃいます？

一歩前へ！
インターネットによって、会う人がはっきりわかっている場合、相手のことを予習するのが簡単な時代になりました。がんばって予習すれば、先方の会社や学校のことに、相手よりも詳しくなることだってできます。とくに、こちらからお願いして会ってもらう場合、下調べは欠かせません。関心を持っていることが、相手に伝わるのはいいことです。
また、相手の名前はもちろん、相手に関連する固有名詞を正確に憶えておくことも、親しくなるきっかけの一つです。

第3講　声をかける。

連絡先を聞くことは、相手にたいする関心の証し。

7 別れぎわを次につなげる

SCENE1

それでは、またお目にかかれるといいですね。

☞ それでは、またぜひお目にかかりたいので、良かったら、連絡先を教えていただけますか。

SCENE2

今日の飲み会は最高でした。また近いうちに飲みましょう。

☞ 今日の飲み会は最高でした。また飲みましょう。
ちょっと気は早いのですが、次回の飲み会の日程、近々メールで調整させてください。すみませんが、メールアドレス教えてもらえますか。

SCENE3

今日は貴重なお話をありがとうございました。

☞ 今日は貴重なお話をありがとうございました。
ぜひお話の続きをうかがいたいので、また来週、御社にお邪魔してもよろしいですか？

ブレーキさん
あなたの立場が下の場合

SCENE4

それでは気をつけて。また連絡してね。

☞ それでは気をつけて。
無事、向こうに着いたら、メールしてね。

SCENE5

それでは失礼します。
また今度、友だちを連れてきます。

☞ それでは失礼します。
また今度、友だちを連れてきたいので、今予約していってもいいですか？

一歩前へ！
「連絡先をさりげなく、スマートに聞くためにはどうすればいいか？」という話題をよく目にしますが、作為的に聞き出そうとすれば、かえって不信感を抱かれます。
連絡先はストレートに聞いて、問題はないでしょう。とくにいろいろ話したあとに連絡先をたずねると、「二人で意気投合できて楽しかったよ」という気持ちが伝わります。

第3講　声をかける。

アクセルちゃん
おもにあなたの立場が上の場合
(上司・先輩・客など)

こちらから心を開けば、相手は安心します。

1 先に情報開示する

SCENE1

はじめまして。
どちらからいらっしゃったんですか?

☞ はじめまして。
わたしは○○から来たんですが、あなたはどちらからいらっしゃったんですか?

SCENE2

○○さん、緊張してますか?

☞ わたしこういう場所にくると緊張しちゃうんですよね。
○○さんは、緊張しないですか?

SCENE3

○○さんはきょうだいいますか?

☞ わたしはよく「おまえは末っ子だから甘えん坊だ」って馬鹿にされるんですけど、○○さんはきょうだいいますか?

アクセルちゃん
あなたの立場が上の場合

SCENE4

○○さんは休みの日、どんなふうに過ごされていますか？

☞ <u>わたしはインドア派なので、休みの日はほとんど家から一歩も出ないんですけど、</u>○○さんは休みの日、どんなふうに過ごされていますか？

SCENE5

○○さんは食べ物の好き嫌いはないですか？

☞ <u>わたしはもともと関西の人間なので、納豆と、あとしょっぱい食べ物が全般的にちょっと苦手です。</u>
○○さんは食べ物の好き嫌いはないですか？

半歩下がって！
相手が初対面で緊張している場面では、あまり質問攻めにしないようにしましょう。なかには、「なぜ、自分ばかり聞かれるの？」と疑心暗鬼になる人もいます。
相手に質問するのは良いのですが、こちらの情報から開示したほうが、相手に安心感を持ってもらえます。
対話はあくまでもキャッチボールですので、質問と情報開示のバランスを取りながら進めましょう。

第3講　声をかける。

わかっていることは聞かずに我慢します。

2 触れずにそっとしておく

SCENE1

体調、悪いの？

☞ **あのとき、体調、悪そうだったけど、何かしんどいことでもあったの？**

SCENE2

なんでそんなに不機嫌そうな顔をしてるの？

☞ **このあいだ会ったとき、機嫌が悪そうだったけど、なんか嫌なことでもあった？**

SCENE3

大きなミス続きで大変だと思うけど、元気を出して。

☞ **先週は大きなミス続きで大変だったね。もうだいぶ落ちついた？**

アクセルちゃん
あなたの立場が上の場合

SCENE4

30分も遅刻してるじゃない？ なにやってるの？

☞ **昨日、かなりの遅刻だったけど、なにかあったの？**

SCENE5

えー？ なになに？ もしかしてきみたち付きあってるの？

☞ **○○さん、あのときちょっと思ったんだけど、もしかして○○さんって○○くんと付きあってる？**

半歩下がって！
相手と親しくなってきたら、見ればわかることは聞かないというのが鉄則です。
親しい人間関係になると、つい過干渉になってしまいますが、その結果、子どもが親に感じるような「うざい」の気持ちが湧いてくるのです。
見ればわかることは聞かず、そっとしておくのも優しさ。
聞ける状況になったら、あらためて聞くのもまた優しさです。

第3講 声をかける。

不用意に踏み込むと、そこはドロ沼です。

3 プライバシーには間接的に触れる

SCENE1

お年はおいくつですか。

☞ 最初は就活の学生さんかと思いました。
お若いんですね。

SCENE2

結婚はしていますか？

☞ このあいだの連休（年末年始・ゴールデンウイーク）は、どんなふうに過ごしましたか？

SCENE3

大学は出ていますか？

☞ 社会に出て働くまえは、どうなさっていましたか？

アクセルちゃん
あなたの立場が上の場合

SCENE4

恋人（彼氏・彼女）はいますか？

☞ **今年の誕生日（クリスマス・バレンタイン）は、なにかいいことありましたか？**

SCENE5

いくらぐらい欲しいですか？

☞ **予算は○万円となっているのですが、その金額でよろしいでしょうか？**

半歩下がって！

アクセルちゃんは、つい相手のプライバシーに踏み込みがちで、そばで見ているブレーキさんは、ヒヤヒヤしどおしです。
年齢のことを直接聞くのは、言うまでもなくNGです。ほかにも家族のこと、恋愛のこと、学歴のこと、お金のこと、人によってはどれもプライバシーです。好奇心が抑えられなければ、間接的に聞くしかありません。しかし、人によっては、それがまったくプライバシーでないこともあります。相手が積極的に情報を開示してきたら、話題にしてくれてOKだという合図なので、遠慮の必要はありません。

第3講　声をかける。

「調子のいいヤツ」だと思われないように。

4 客観的にほめる

SCENE1

その髪形、すてきですね。

☞ その髪形、すてきですね、って、**まわりからよく言われませんか?**

SCENE2

○○さんって、ほんとうに気配り上手で素敵ですね!

☞ このあいだ、「○○さんって、ほんとうに気配り上手で素敵だよね」って、**うちの上司と話題になりました。**

SCENE3

○○さんの髪形、おしゃれですね。

☞ **先日、街でまわりの目を惹くおしゃれな人が歩いてたんですけど、**○○さんと同じ髪形でした。

アクセルちゃん
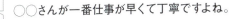
あなたの立場が上の場合

SCENE4

○○さんが一番仕事が早くて丁寧ですよね。

☞ ○○さんが一番仕事が早くて丁寧だって、わたしたちのまわりで評判です。

SCENE5

先日いただいたイチゴ、今まで食べたイチゴのなかで一番おいしかったです。

☞ 先日いただいたイチゴ、家族みんなでいただいたんですが、妹が「今まで食べたイチゴのなかで一番おいしい」と喜んでました。

半歩下がって！

相手をほめるときも、口だけではなく、心から思っているという雰囲気も一緒に伝えることが大切です。

お世辞だと思われないための工夫の一つに、客観的な評価にするという方法があります。

「すてきですね」というのは主観的な評価ですが、「すてきだと言われる」というのは客観的な事実です。

答えるほうも評価にたいしては肯定しにくくても、事実にたいしては素直に肯定することができそうです。

第3講　声をかける。

「教えて」もコミュニケーションのきっかけになります。

5 相手の能力を高く買う

SCENE1

パワポの画像の編集機能、
悪いけど、ちょっと教えてくれないかな？

☞ パワポの画像の編集機能、
○○さんに聞くのが一番だって課内で聞いたので、
悪いけど、ちょっと教えてくれないかな？

SCENE2

今度、味にうるさい方を新宿で接待しなきゃいけないのですが、どこかいいお店がないかご存じじゃないですか？

☞ 今度、味にうるさい方を新宿で接待しなきゃいけないのですが、**うちの会社でグルメといえば○○さんだから、**どこかいいお店がないか、ぜひ教えていただきたくて。

SCENE3

週末に映画を観に行こうと思っているんですが、
なにかおすすめの映画はないですか？

☞ 週末に映画を観に行こうと思っているんですが、**先日、○○さんがすすめてくれた映画がすばらしかったので、**また、おすすめの映画を教えてほしいなって思ったんですけど。

アクセルちゃん
あなたの立場が上の場合

SCENE4

お茶、淹れてくれるかな？

☞ ○○さん特製のおいしいお茶、淹れてくれるかな？

SCENE5

飲み会にきてくれませんか？

☞ ○○さんがいるだけで場が盛り上がるので、
飲み会にきてくれませんか？

半歩下がって！

こちらからお願いごとをする。そのお願いごとを引き受けてくれたら、今度はそのお礼をする。そうやって人間関係を築いていける場合があります。

そのためには、お願いごとを気持ちよく引き受けてもらう必要があるでしょう。

誰にでも頼めるわけじゃない。どうしてその人に頼んだのか。その理由が明確ならば、相手は嫌な気はしません。とくに、自分の能力を評価してくれた人のためなら、がんばってしまうのが人情というものです。

他人ごととしてではなく心から共感します。

6 同じ目線で応援する

SCENE1

売り上げ業界 No.1 を目指すのですか。
大変だと思いますが、
ぜひがんばってください。

☞ **売り上げ業界 No.1 を目指すのですか。
うわぁ、それはかなり高い目標で、
実際に No.1 になるのは並大抵のことではないでしょうね。**
でも、○○さんの熱意があれば、ひょっとしてできるかもっていう気持ちになります。期待しています。

SCENE2

今日、試験なんだってね。
がんばってください。

☞ **今日、試験なんだってね。わあ、ドキドキだね。いくつになっても、試験の前って緊張するよね。**
でも、○○さん、ずっとがんばってたから、いつも通りにしていれば、いい結果が出ると思うよ。応援してるからね。

アクセルちゃん
あなたの立場が上の場合

SCENE3

風邪を引いてしまわれたのですか。
どうかお大事になさってください。

☞ 風邪を引いてしまわれたのですか。
<u>ここのところ、○○さんはかなりお忙しくなさっていたから、
きっと無理がたたってしまったのでしょうね。
おつらいでしょうが、病気も身体からの大切なサインだと思います。</u> どうかお大事になさってください。

半歩下がって！

「がんばってください」というのは、ほんとうに応援の言葉なのでしょうか。出来合いの言葉で、軽く響き、他人ごとのように聞こえます。

「がんばって」という言葉が軽々しく出てくるのは、相手の気持ちに十分寄りそえていない証拠かもしれません。

相手の立場に立って、心から共感する努力をすれば、表現がおのずと変わってくるはずです。

【まとめ】
KOEWO-KAKERU

話しかけるのが苦手なブレーキさんは、話しかける相手にではなく、相手に話しかける自分に目がいきがちです。
相手に話しかけ、それをきっかけに良い関係を築くためには、相手に関心を持つこと。そして、それをはっきりと言葉に出すことだと思います。
「自分のことを気にかけてくれている」
「自分の能力を高く評価してくれている」
「自分と関わりを持とうと努力してくれている」
「自分と関わりを持てたことを心から喜んでくれている」
そう相手が思えれば、相手も自分のことを憎からず思うはずです。

一方、話しかけるのが得意なアクセルちゃんも、じつは空回りしている可能性があります。
相手のことを詮索していると受けとられたり、プライバシーに不用意に踏み込んだり、ほめ言葉がおべっかのように受けとめられたり、うわべの言葉だけで調子のいい奴だと疎まれたりしているかもしれません。

ブレーキさんも、アクセルちゃんも、一見異なるようで、その根っこは共通しています。結局は、自分本位な発想から抜け出せず、目の前の相手のことを心から思いやれないということです。
これは、人間の性(さが)で、仕方がないのかもしれません。
しかし、すこしでも相手の気持ちに寄りそおうという意識が芽生えたとき、コミュニケーションの形はすこしずつ変わりはじめるはずです。

LESSON 4

Intensive Course In Communication Skills for Adults:
Toward Communicating Your Feelings Effectively

第4講
提案する。

前向きに検討したくなる
「提案」の言葉

【提案の基本】
TEIAN-SURU

提案とは、「自分なりのアイデアを出して、それを相手に考えてもらうこと」です。この章では、会議や打ち合わせにかぎらず、同僚に「ランチはこのお店にしたい」と促すのも、飲み会が遅くなり「そろそろ帰りませんか？」と促すのも、提案という一つのキーワードで考えます。

ブレーキさんは、自分のアイデアをみんなに伝えるのが苦手です。
ダメな点をつかれたり、却下されることで傷つくのが怖いというのもあるでしょう。人によっては、伝えること自体が苦手なのではなく、自分のアイデアが採用されて、責任を取らされることが苦手なのかもしれません。

しかし、なんでも怖がらずに提案できるようになると、人間的な成長が望めますし、周囲からの高い評価も期待できるようになります。ときには思いきって、自分の思いつきをはっきり伝えることも重要でしょう。

一方、アクセルちゃんは、自分のアイデアを人前で披露することを恐れません。
それは長所でもあるのですが、強く断言したり、同意を強要したりするうちに、周囲がアイデアを出しづらい雰囲気を作る危険性もあります。
自分のアイデアを相対化し、周囲の人たちの考えもきちんと尊重することで、結果的にアイデアのバリエーションが増え、チーム全体の評価の上昇につながります。

この章では、周囲とうまくバランスを取りながら、上手に自分のアイデアを伝え、より前向きに検討してもらえる提案の言葉を考えます。

ブレーキさん
おもにあなたの立場が下の場合
(部下・後輩・サービスする側など)

まわりの状況を考えて提案します。

1 前回を確かめる

SCENE1

ランチはなにを食べましょうか?

👉 「昨日のランチはなんでしたか?」
「パスタでした」
「それなら、今日のランチはご飯ものにしましょうか?」

SCENE2

何時に集合しましょうか?

👉 前回は何時に集合しましたか? 今回は遠方から来られる方がいらっしゃるようなので、前回より1時間遅くしませんか?

SCENE3

一人あたりの会費はどうしましょうか?

👉 今までの会費は3千円でしたよね。
それで、とくに不平が出ていなければ、今回も3千円でいいかと思うのですが、いかがでしょうか?

LESSON 4

ブレーキさん
あなたの立場が下の場合

SCENE4

いつまでに仕上げをお願いすればよろしいでしょうか?

☞ **前回は10日ほどでいただけたので、今回も同じくらいでお願いできますでしょうか?**

SCENE5

今度の旅行、なにする?

☞ **前回の旅行は観光中心だったから、今回はアクティビティを中心にしたいんだけど、どうだろう?**

一歩前へ!
おたがいが意見の表明を避け、なかなか決まらないときは、前回がどうだったかを確かめ、それをもとに「変えるか」「同じにするか」を決める。そうすると、方向性が楽に決まる場合があります。相手本位の提案でもあるので、気持ちの負担が軽くなります。

方向性を打ちだすと、みんなで考えやすくなります。

2 候補を出して決めてもらう

SCENE1

これといって行きたい場所はないので、
○○さん、決めていただけますか?

> わたしが今思いつく場所を3つ出してみるので、
> ○○さん、そのなかから1つ選んでいただけますか?

SCENE2

次の打ち合わせ、いつごろ集まりましょうか? わたし自身
も忙しいのですが、できるだけみなさんの予定に合わせます。

> 次の打ち合わせ、いつごろ集まりましょうか?
> わたしは○月○日と○月○日の全日、もしくは○月○日の午
> 前中なら都合がいいのですが、
> みなさんの予定はいかがでしょうか?

SCENE3

お店、どこにしましょうか?

> 雨なので、お店は駅の近くがいいでしょうか?
> お店自体は、このあたりに詳しい○○さんにお任せします。

ブレーキさん
あなたの立場が下の場合

SCENE4

みんなはなに食べたい？
わたしはなんでもいいんだけど。

☞ **みんなはなに食べたい？　わたしは甘党なので、デザートのある店ならどこでも OK だよ。**

SCENE5

○○さんとこに持っていく手土産、なにがいいですか？

☞ **○○さんとこに持っていく手土産、もしお菓子でよければ、わたし出勤途中に買っていきますよ。
どんなお菓子がいいですか？**

一歩前へ！
自分から結論めいたことを提案するのは気が引ける。かといって、人に判断を押しつけるのもためらわれる。その場合、みんなで決めるという方法もあります。「候補を出す人」「候補から選ぶ人」という役割分担をして、みんなで決めるのです。
みんなでわいわい話しながら決められれば、意思決定のプロセス自体も楽しめるでしょう。

第4講　提案する。

会議で行きづまったときにも有効です。

3 自分の提案を交える

SCENE1

この企画について、みなさまはどう思われますか？

☞ **この企画について、わたしは前に進めて問題ないと考えますが、みなさまはどう思われますか？**

SCENE2

今日の鍋パーティー、なに鍋にする？

☞ **今日の鍋パーティー、わたしはキムチ鍋がいいと思うんだけど、どうかな？**

SCENE3

今度の文化祭、なんのお店を出そうか？

☞ **今度の文化祭、わたしは目新しさから考えて、手作りハンバーガー屋がいいと思うんだけど、みんなはどう思う？**

ブレーキさん
あなたの立場が下の場合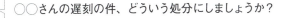

SCENE4

○○さんの遅刻の件、どういう処分にしましょうか？

☞ ○○さんの遅刻の件、**本人が反省しているなら、わたしはもう許してあげてもいいと思うんですが**、どうしましょうか？

SCENE5

開演時間が押してるみたいで、わたしたちの出番まであと3時間もあるみたい。どうする？

☞ **開演時間が押してるみたいで、わたしたちの出番まであと3時間もあるみたい。どうする？**
わたしはできれば休んでいたいけど、練習したほうがよければ付き合うし。本番のパフォーマンスがマックスになるように、みんなで決めて。

一歩前へ！
相手やみんなからの意見を促すまえに、自分の意見をそっと挿入してしまう方法です。意見を聞かれるほうも、議論のたたき台になる個人的な案が示されたほうが、アイデアのヒントとして使え、そこから議論が発展する可能性が生まれます。

第4講　提案する。

二択にしてあげると、比較的話がスムーズに進みます。

4 二択にして聞く

SCENE1

コンサルタントと相談した結果、○○という回答が来ました。
主任、どう対処したらよいですか？

☞ コンサルタントと相談した結果、○○という回答が来ました。
主任、この内容はメール審議でもよろしいですか？
それとも、全員で顔を合わせて話す場を設定しましょうか？

SCENE2

業者はどこにお願いしましょうか？

☞ 価格は倍だけど納期が半分になるA社か、納期は倍かかるけど価格が半分のB社か、どちらにお願いしましょうか？

SCENE3

例のプロジェクトですが、もう半年ほど動きがありません。
どうしましょう？

☞ 例のプロジェクトですが、もう半年ほど動きがありません。
もう、関係者に中止の連絡をしますか？
あるいは、もうすこしだけ様子を見ますか？

ブレーキさん
あなたの立場が下の場合

SCENE4

> わたしはもう出るけど、○○さんはどうする？

☞ **わたしはもう出るけど、○○さんはどうする？
まだ会社に残ってる？
それとも、わたしと一緒に出る？**

SCENE5

> 泣いてたって、わからないじゃない。どうするの？

☞ **泣いてたって、わからないじゃない。どうするの？
このまま、なにも言わずに黙ってる？
それとも、自分の口でちゃんと伝える？**

一歩前へ！
「どうすればいいですか？」と質問を投げっぱなしにするのは、自分にとっては楽ですが、相手にとっては負担です。
次にどうするべきか、いくつか候補を絞り、選択肢にして相手に示す。そうすることで、相手の負担は軽くなりますし、話もスムーズに運びやすくなります。

第4講 提案する。

遠慮しすぎると、誘われた相手も戸惑います。

5 ポジティブに誘う

SCENE1

その映画、よかったら今度観に行かない？
面白いかどうかわからないけど。
○○さん、忙しいと思うけど、もし時間あったらでいいので…。

☞ その映画、よかったら今度観に行かない？
今ネットで評判だし、すでに観た友だちもすごくいい！って言ってたし。
○○さん、わりと暇してるでしょ？（笑）

SCENE2

よかったら来月の集まり、一緒に参加しませんか？
参加者の年齢層が低いので、○○さんが楽しめるかどうかわかりませんが…。

☞ よかったら来月の集まり、一緒に参加しませんか？
参加者の年齢層が低いんですけど、○○さんだったら、きっと一緒に楽しめると思うんです。

ブレーキさん
あなたの立場が下の場合

SCENE3

週末にイベントがあるので、○○さんも来ませんか？
もしつまらなかったら、途中で帰ってもらってもいいので。

☞ **週末にイベントがあるので、○○さんも来ませんか？
途中で帰りたくならないよう、一生懸命、わたしが楽しませますので。**

一歩前へ！

「お口に合うかどうかわかりませんが」「お気に召すと嬉しいのですが」のように、自分が選んだものにたいして謙遜する物言いは、日本の伝統的な気配りの一種です。

ところが、「面白いから」「おいしいから」とすすめてもらったほうが、相手は素直に受けとりやすくなるものです。相手の趣味と合わなかったら、つまらなかったら、と心配する必要はありません。イマイチだったこともまた、二人の共通の話題にしてしまえばよいのですから。

第4講 提案する。

相手の遠慮を、貢献に変えてみましょう。

6 「みんなのために」と誘う

SCENE1

ご都合がよろしければ、いらっしゃいませんか？

☞ ○○さんが来たら、みんなも喜ぶと思うので、
よかったらいらっしゃいませんか？

SCENE2

○○さんから、ひとことお願いできますか？

☞ この業界の有名人の○○さんからお言葉をいただければ、
若いスタッフたちの大きな励みになると思います。
ひとことお願いできますか？

SCENE3

一度、お顔を見せてやってはもらえないでしょうか？

☞ あの子たち、○○さんに会えなくて、いつもさびしがってるんです。
一度、お顔を見せてやってはもらえないでしょうか？

サンクチュアリ出版 年間購読メンバー
クラブS

あなたの運命の1冊が見つかりますように

基本は月に1冊ずつ出版。

サンクチュアリ出版の刊行点数は少ないですが、
その分1冊1冊丁寧に、ゆっくり時間をかけて制作しています。

クラブSに入会すると…

1 サンクチュアリ出版の新刊が
自宅に届きます。

※もし新刊がお気に召さない場合は他の本との交換が可能です。

2 サンクチュアリ出版で開催される
イベントに無料あるいは
優待割引でご参加いただけます。

読者とスタッフ、皆で楽しめるイベントをたくさん企画しています。

イベントカレンダーはこちら!

3 ときどき、特典のDVDや小冊子、
著者のサイン本などのサプライズ商品が
届くことがあります。

詳細・お申込みはWEBで
http://www.sanctuarybooks.jp/clubs

メールマガジンにて、新刊やイベント情報など配信中です。
登録は ml@sanctuarybooks.jp に空メールを送るだけ!

Facebookで交流しよう　https://www.facebook.com/sanctuarybooks

<u>サンクチュアリ出版</u> <u>=本を読まない人のための出版社</u>

はじめまして。
サンクチュアリ出版 広報部の岩田です。
「本を読まない人のための出版社」…って、なんだソレ！って
思いました？ ありがとうございます。
今から少しだけ自己紹介をさせて下さい。

今、本屋さんに行かない人たちが増えています。
ゲームにアニメ、LINEにfacebook…。
本屋さんに行かなくても、楽しめることはいっぱいあります。
でも、私たちは
「本には人生を変えてしまうほどのすごい力がある。」
そう信じています。

ふと立ち寄った本屋さんで運命の1冊に出会ってしまった時。
衝撃だとか感動だとか、そんな言葉じゃとても表現しきれ
ない程、泣き出しそうな、叫び出しそうな、とんでもない
喜びがあります。

この感覚を、ふだん本を読まない人にも
読む楽しさを忘れちゃった人にもいっぱい
味わって欲しい。
だから、私たちは他の出版社がやらない
自分たちだけのやり方で、時間と手間と
愛情をたくさん掛けながら、本を読む
ことの楽しさを伝えていけたらいいなと思っています。

ブレーキさん
あなたの立場が下の場合

SCENE4

一緒に踊っていただけませんか？

☞ **ここにいる子たちはみんな、○○さんと同じ舞台で踊れることをずっと夢見てきたんです。
一緒に踊っていただけませんか？**

SCENE5

ここはひとつ、○○さんがお手本を見せてくださいませんか？

☞ **ここはひとつ、○○さんがお手本を見せてくださいませんか？
プロの技を間近で拝見するだけで、みんなのモチベーションも一気に高まると思うんです。**

一歩前へ！

誘ってみて、相手の感触が悪くないとき、相手の迷いを吹っきるために、もう一押ししてみましょう。自分の存在が、みんなの役に立つのは、誰にとっても大きな喜びです。「あなたが来てくれたら嬉しい」という気持ちをはっきりと伝えましょう。

第4講　提案する。

相手に提案させる方法もあります。

7 相手に主導権を渡す

SCENE1

今度、一緒に飲みに行きませんか？

☞ **今度、飲みに連れていってもらえませんか？**

SCENE2

わかりました。では、また折を見て連絡させていただきます。

☞ **わかりました。では、またご都合がよくなりましたら、いつでもご連絡ください。お待ちしております。**

SCENE3

なにか興味を持っていただけそうなイベントがあったら、声をかけさせていただきますね。

☞ **なにか面白そうなイベントがあったら、連れていっていただけますか？　どこでも喜んでうかがいます。**

ブレーキさん
あなたの立場が下の場合

SCENE4

○○さんが暇なときに、飲みにいきましょう。

☞ **わたしは暇なときが多いので、ぜひ誘ってください。**

SCENE5

今、わたしの相談に乗ってもらえますか？

☞ **わたしの相談に乗ってもらえる時間はありますか？
いいタイミングで声をかけてください。**

一歩前へ！

人から「いつか飲みに行こう」と誘われて、断ることはほとんどないでしょう。社交辞令であってもなくても、誘いには乗るのが社会人の基本的なスタンスです。

ただ、目上の人を誘うのはなかなか難しいもの。場合によっては失礼な感じを与えるかもしれません。

ならば、相手が提案しやすくなる環境を作り、相手の都合で決めてもらえばよいのです。

アクセルちゃん
おもにあなたの立場が上の場合
（上司・先輩・客など）

自分の考えの押しつけは避けます。

1 相手の意見も聞く

SCENE1

高いと思うので、先方と値引き交渉してください。

☞ **わたしは高いと思うんだけど、どう？**
○○さんの意見を聞かせてください。

SCENE2

このままじゃラチが明かないから、
一度直接会って話してくるべきでしょ。

☞ **このままじゃラチが明かないから、**
一度直接会って話してきたほうがよくないかな？

SCENE3

こういう説明の仕方をすると誤解されるから、この部分を書きなおさないとまずいよ。

☞ **こういう説明の仕方をすると誤解されないかな？**
この部分だけでも、ちょっと書きなおしたらどうだろう？

アクセルちゃん
あなたの立場が上の場合

SCENE4

あの子、悩んでいるみたいだから、
〇〇さん、話を聞いてあげて。

☞ あの子、悩んでないかな？
もしそうだったら、〇〇さんが話を聞いてあげたら安心するんじゃないかな？

SCENE5

わたしの常識の範囲では考えられません。

☞ わたしの常識では考えられないのですが…。
世間一般では、わりとふつうのことなんでしょうか？

半歩下がって！

アクセルちゃんは自分の判断に自信があるので、つい相手に指示してしまいがちです。そうすると、相手から主体性を奪ってしまうだけでなく、新しい意見が入ってこなくなり、自分の視野を狭めていってしまう危険性があります。

相手にも意思決定に参加してもらいましょう。そうすれば、自分が見えなかった部分に気がついたり、相手にも責任を持って行動してもらえたりするようになります。

相手の意向を確かめます。

2 希望に確認を加える

SCENE1

この説明だと伝わりにくいようなので、
この部分を図にしたいです。

☞ この説明だと伝わりにくいようなので、
この部分を図にしたいのですが、どう思われますか？

SCENE2

各社検討した上で、やっぱり○○社さんに依頼したいです。

☞ 各社検討した上で、やっぱり○○社さんに依頼したいのですが、問題ないでしょうか？

SCENE3

みなさんからご意見をいただいた結果、「今回は見おくるべき」が多数を占めましたので、今回は見おくります。

☞ みなさんからご意見をいただいた結果、「今回は見おくるべき」が多数を占めましたので、今回は見おくることにいたしますが、それでよろしいでしょうか？

アクセルちゃん
あなたの立場が上の場合

SCENE4

もう待ちきれないから、食べちゃおう。

☞ **もう待ちきれないから、食べてもいいかな？
それとも、まだ待つ？**

SCENE5

向こうに明るいうちに着きたいので、朝6時に出発しましょう。

☞ 向こうに明るいうちに着きたいので、**朝6時に出発するのが
いいと思うんだけど、早すぎるかな？**

半歩下がって！

どれだけ真剣に考えたことだとしても、自分ひとりで出した結論はどうしても偏っていたり、独りよがりになるものです。
面倒だと思っても、たとえ相手の判断が自分より劣っていると思っても、かならず一度は、チームを組んでいるメンバーから、アドバイスや意見をもらいましょう。
考えを共有することで、信頼感が高まり、たがいの距離も縮まりますし、その結果、スムーズに話が進みます。

第4講　提案する。

一つの提案にすぎないことを強調します。

3 「わたしはそう思う」という言い方に変える

SCENE1

ここは先方の考えを尊重して、すこし譲歩するべきだよな。

☞ ここは先方の考えを尊重し、すこし譲歩したほうがいいと、**わたしは思うんだけど。**

SCENE2

AのデザインよりBのデザインのほうが、センスがいいよね。

☞ AのデザインよりBのデザインのほうが、**わたしから見ると、**センスがいいように映るけど。

SCENE3

Aさんの給料が上がるのに、Bさんの給料が変わらないと、あきらかにBさんのモチベーションが下がるでしょう。

☞ **あくまでもわたし個人の意見ですが、**Aさんの給料が上がるのに、Bさんの給料が変わらないとなると、Bさんのモチベーションが下がるんじゃないかと思います。

アクセルちゃん
あなたの立場が上の場合

SCENE4

忙しい人ほど自分の健康に気をつけているものだよ。

 わたしが知っている限りでは、忙しい人ほど自分の健康に気をつけている印象があるよ。

SCENE5

初めはとっつきにくいけど、一度仲良くなれば○○さんのほうが話しやすいよ。

 初めはとっつきにくいけど、一度仲良くなれば○○さんのほうが話しやすいよ。わたしの場合は、だけどね。

半歩下がって！

アクセルちゃんの提言は、どうしても断定口調になりがちです。自信過剰で、自分の常識は世間の常識だと、大きく捉えがちだからです。

もちろん、責任ある立場にある人は、あえて断言しなければならないときもあります。けれども、基本的に断言というものは、人の反発を招くもの。「べきだ」論をふりかざすのではなく、あくまでも「一意見」だということを強調したほうが、聞き手は抵抗なく受けとめられます。

第4講 提案する。

修正案は、原案作成者の神経を逆なでします。

4 否定は部分的に留める

SCENE1

この表現がお客さまにたいして失礼にあたる可能性があるので、こう直したほうが良いと思います。

☞ **全体として良くできているように感じました。**
ただ、この表現だけはお客さまにたいして失礼にあたる可能性があるので、こう直したほうが良いと思います。

SCENE2

ご提案をありがとうございました。
このままでは厳しいので、修正をお願いします。

☞ **ご提案をありがとうございました。**
おおむね問題はないのですが、
2点ほど気になる点があったので、修正をお願いします。

SCENE3

この予算だとダメだな。
飲食費と交通費をあと1万円ずつ削って。

☞ **この予算、飲食費と交通費をあと1万円ずつ削って。**
そこさえ修正してもらえれば、あとはバッチリ！

アクセルちゃん
あなたの立場が上の場合

SCENE4

> いつも、だらしない格好しているね。寝ぐせとスーツのしわぐらい、ちゃんとしなよ。

☞ **○○さんは見た目がいいんだから、朝、髪をちゃんとセットして、スーツをちゃんとクリーニングに出したら？
そうすればぴしっと決まると思うよ。**

SCENE5

> 仕事が遅いよ。なんとかならない？

☞ **いつも仕事が早いのに、表計算をしてるときだけ時間がかかるみたいだね。なんとかならない？**

半歩下がって！
自分の仕事に厳しいのはけっこうです。ところが、他人の仕事にたいして問題点だけを指摘すると、「仕事全体を否定的に評価された」と受けとられてしまうことがあります。
相手に気持ちよく仕事をしてもらうためにも、仕事全体にたいする肯定的な評価を踏まえつつ、ただ惜しまれるのは、というニュアンスを込めて「部分的に問題がある」という指摘の仕方をするのが良いでしょう。

単刀直入に言うと、場が急に冷え込みます。

5 お開きは匂わせる

SCENE1

（飲み会などで）
遅くなってしまったので、そろそろ帰りましょうか。

☞ （時計を見て）もうこんな時間ですか。
時間が経つのを忘れるくらい楽しかったです。
明日もありますし、そろそろ…。

SCENE2

（顔合わせの会などで）もうお開きにしましょう。

☞ 今日はほんとうにありがとうございました。
お話でしか聞いたことがなかった○○さんにお目にかかれたのが、なによりの収穫でした。引き続き、よろしくお願いします。

SCENE3

（打ち合わせなどで）もう終わりにしましょう。

☞ 最後に、今日いただいた課題を確認させてください。
こちらで担当するのが○○と○○、そちらで担当していただくのが○○と○○、ということでお間違いないですか？

アクセルちゃん
あなたの立場が上の場合

SCENE4

（打ち合わせなどで）
次の予定があるので、お帰りいただけますか。

☞ **今日、これからのご予定は？　ああそうですか。**
わたしもこのあと、もう一件打ち合わせが入ってまして。

SCENE5

（話が長い人に）
もう帰りたいのですが、よろしいでしょうか？

☞ **今日は有意義なお話をありがとうございました。**
最後にひとつだけ質問させていただいてもよろしいですか？
それだけ伺ったら、おいとましようと思います。

半歩下がって！

だらだらと続く飲み会や集まりで、そろそろ帰りたいなと感じるときがあります。

ただ、帰りたいと思っている人がいる一方、まだ気持ちよく盛り上がっている人もいるので、お開きをそのまま口にするのは、ちょっとためらわれる場面もあります。

そこで、「もうこんな時間ですか」「今日は楽しかったです」「お食事、おいしかったですね」「今日のこれからのご予定は？」などとお開きの雰囲気を匂わせ、自然に終わりの形に持っていくのがスマートでしょう。終わり良ければすべて良しです。

第4講　提案する。

相手を巻き込むのに有効です。

6 不平不満を建設的に訴える

SCENE1

あの人は、何度お願いしても、文書を締め切りまでに提出してこないのです。

☞ **どうすれば、あの人が文書を締め切りまでに提出してくるようになると思いますか?**

SCENE2

○○さんは、なんでいつも遅刻ばっかりしてくるの?

☞ **○○さんは、どうすれば時間どおりに来られるようになる?**

SCENE3

先週メールをした件、まだお返事をいただいていません。

☞ **先週メールをした件、いつごろお返事いただけそうですか?**

アクセルちゃん
あなたの立場が上の場合

SCENE4

課長に訴えても、なかなか理解してもらえないんです。

☞ <u>課長に訴えても、なかなか理解してもらえないんですが、どうしたら理解していただけると思いますか?</u>

SCENE5

こんなやり方を続けていても、売り上げは下がる一方です。

☞ <u>どうすれば売り上げが回復すると思いますか?</u>
このやり方を続けていても、売り上げは下がる一方なのです。

半歩下がって!
問題だけを述べても、愚痴をこぼしていることにしかなりません。ところが、それを疑問形に変えるだけで、相手もその問題に歩みより、自分の問題として考えられるようになります。これも提案の力です。

【まとめ】
TEIAN-SURU

周囲から「空気が読めない」「生意気なやつだ」「浅はかだ」と思われることを避けたい。
そんなブレーキさんの場合は、自分の意見やアイデアを表明するという行為自体がプレッシャーです。
そこで「みんなで決める」「提案を交える」「候補を絞る」「提案しやすい環境を作る」などして、自分の決定が、全体の決定になるようにすれば、そういったプレッシャーを軽減することができます。

一方、提案が指示的、命令的になってしまいがちなアクセルちゃんの場合は、「いかに語調を弱めるか」がポイントです。自分の考えを押しつけず、できるだけ相手にも意見を言ってもらう。また、断定的な言い方を避け、できるだけ婉曲的に言う。つまり、間接的なものの言い方をマスターすれば、提案がより受けいれられやすくなります。

提案は、自分の意見を検討の俎上に載せ、「みんなで考えてもらうこと」を目的としています。

自分ひとりの意見だけだと独りよがりになりがちですが、三人寄れば文殊の知恵、みんなで考えれば、提案がより生産的なものになっていきます。たとえ自分のほうが「優れている」「経験がある」と感じていても同様です。

自分の意見だけを押しつけるのも、自分の意見を隠しておくのも、じつは、とてももったいないことなのです。

LESSON 5

Intensive Course In Communication Skills for Adults:
Toward Communicating Your Feelings Effectively

第5講
やる気にさせる。

モチベーションを高め
相手をやる気にさせる「評価」の言葉

【評価の基本】

YARUKINI-SASERU

上の立場に立つと、下の立場の人を育てることが期待されます。先輩として、上司として、コーチとして、先生として、親として、下の立場の人を、ほめたり叱ったり、指摘したり注意したり、なだめたり励ましたり、さまざまな言葉をかけながら育てていかなければなりません。

そのときに大事なのが評価です。評価というと、点数や成績をつけることを想像するかもしれませんが、評価の一番大切な役割は、相手のモチベーションを上げ、やる気にさせることです。つまり、相手を元気にすることが評価の目的なのですが、上の立場に立ったとたん、評論家ぶってダメ出しをする人が後を絶ちません。コーチングという言葉が社会的に注目されているように、これからの時代、適切な評価をしてチームやメンバーのポテンシャルを最大限に引き出せる指導者が求められています。

評価についてタイプ別に考えてみると、ブレーキさんの場合、「率直にほめる」ことが苦手です。お世辞を言っているように相手に受け取られるのを恐れるのです。また、大げさなことを言うのも性に合いません。ウソのつけない誠実な人柄というと聞こえはいいのですが、ウソにならない範囲で相手の良い点を正当に評価できなければ、実力を伸ばすことはできません。評価できる立場に立ったら、相手の気持ちに配慮しつつ、どんどん積極的に評価してください。

一方、アクセルちゃんの場合、評価自体は得意でほめ上手なのですが、ポジティブな評価だけでなく、ネガティブな評価も下しがちです。上の立場に立つ人の仕事は、部下や生徒のやる気を出すことであって、失わせることではありません。評価のさいに厳しい目を持つことは大切です。しかし、それをそのまま口にする評論家であってはなりません。厳しい評価を、どのようにオブラートに包んで表現し、相手のモチベーションを下げないように、さりげなく気づかせるか。これがアクセルちゃんの課題です。

評価によってやる気を引き出すために、いったいどんな言葉を選んだらよいのでしょうか。
この章では、モチベーションを高め、相手をやる気にさせる評価の言葉を学びます。

ブレーキさん
おもにあなたの立場が下の場合
（部下・後輩・サービスする側など）

ほめるときは何をほめるかが大事です。

1 素質ではなく行動をほめる

SCENE1

うわっ、試験満点だったんだ。
すごいね。やっぱり、頭いいんだな。

☞ うわっ、試験満点だったんだ。
すごいね。**やっぱり、ふだんから努力している人は違うな。**

SCENE2

向こうの人もずいぶん乗り気だったね。
あの人、美人には弱いから。

☞ 向こうの人もずいぶん乗り気だったね。
○○さんのプレゼン、魅力的だったもんね。

SCENE3

二つ返事でオッケーでしたよ。
共通の知り合いの名前を出したので、話がスムーズでした。

☞ **二つ返事でオッケーでしたよ。**
事前にしっかり準備してくださったおかげで、話がスムーズでした。

ブレーキさん
あなたの立場が下の場合

SCENE4

一流企業にいらっしゃったからだと思いますが、
資料の作り方がしっかりしてますね。

☞ **いろんな経験を積み重ねてこられたからだと思いますが、
資料の作り方がしっかりしてますね。**

SCENE5

○○さんって、すごく話がうまい。
帰国子女だから、コミュニケーション能力が高いんだね。

☞ **○○さんって、すごく話がうまい。
異文化のなかで苦労してきたから、コミュニケーション能力が
高いんだね。**

一歩前へ！

欧米出身の留学生から「『青い目がきれいだね』『金髪がすてき
だね』と言われて嫌だった」という話を聞いたことがあります。
それは生まれつきのもので、自分で努力して手に入れたもので
はないからだそうです。
日本人は外見をほめがちですが、先天的なものよりも後天的な
もの、その人の行いや努力をほめたほうが喜んでもらえます。

上司、先生、コーチには必要な習慣です。

2 すこし大げさにほめる

SCENE1

（サッカーの練習で）
なかなかいいフリーキックだったね。

☞ すばらしいフリーキックだったね。
今のキックなら、Jリーグのキーパーでも取れないと思うよ。

SCENE2

共感できる、とてもいいスピーチでした。

☞ とてつもなく破壊力のあるスピーチでした！
あのスピーチだったら、聴衆が何千人いようと、全員共感させるくらいのパワーがあると感じました。

SCENE3

いいサービスができたね。お客さん喜んでたよ。

☞ 感動的なサービスができたね。お客さん涙ぐんでたもん。
ああいう心のこもったサービスは、一流ホテルの支配人でも、なかなかできるものじゃないよ。

ブレーキさん
あなたの立場が下の場合

SCENE4

それは、すばらしい慈善事業ですね。

☞ それは、ほんとうに困っている人のためになる慈善事業ですね。
いつメディアから取材がきてもおかしくないですね。

SCENE5

今日の会議、なかなかの発言だったね。

☞ 今日の会議、勇気ある発言をありがとう。
みんなが口にしたくてもできない気持ちを的確に代弁してくれていたと思うよ。

一歩前へ！
「ほめて伸ばす」。教育の世界ではよく言われる言葉ですが、これがブレーキさんは苦手です。歯の浮くようなお世辞は言えない。正直者のブレーキさんはそう考えてしまうのです。
もちろん、ウソは逆効果ですが、優れた行動には相当の評価をし、励ますことが大切です。

第5講　やる気にさせる。

どんなにダメでも、ほめる点はかならずあります。

3 一つほめてから一つ指摘する

SCENE1

（ピアノ教室で）今日は指があんまり動いていなかったね。練習してこなきゃだめじゃない。

☞ **今日は姿勢がよかった。弾いている姿が様になっていたね。指の動きはまだまだだけど、練習すればきっと上手になるよ。**

SCENE2

○○さんの電話対応、「逆に」っていう口癖が多いみたい。直したほうがいいかも。

☞ **○○さん、ハキハキと電話対応ができるようになったね！**
あ、ただひとつ、自分では気づいてないと思うけど、「逆に」っていう口癖が多いみたい。そこだけは直したほうがいいかも。

SCENE3

いきなり料金プランの比較表を見せられても、新規のお客さんはぴんとこないでしょ。

☞ **説明の仕方は満点だったと思うよ。**
ただ、相手が新規のお客さんのときは、料金プランの比較表は後回しにするとか、説明する順番をもうすこし工夫する余地はあるかな。

ブレーキさん
あなたの立場が下の場合

SCENE4

このお味噌汁、ちょっとしょっぱいなー。

☞ **このお味噌汁、具だくさんでおいしいと思うんだけど…。味付けだけちょっとしょっぱいかも。**

SCENE5

ほら、ここ、洗剤残ってるじゃん。気をつけてよ。

☞ **食器洗ってくれてありがとう。ほんとうに助かった。ただ、ほら、ここ、洗剤残ってるでしょ。悪いけど、ここだけ気をつけてね。でも、ありがとうね。**

一歩前へ！
指導をするときは、どこが悪いのかを指摘して修正しなくてはなりません。でも、厳しい指摘だけをくり返すと、次第に相手は自信を失い、どう修正すればいいのかわからなくなってしまいます。改善してもらいたい点があるときは、まずは良かった点をほめたうえで、具体的に修正すべき点を指摘する。そうすれば、相手の信頼度が増し、修正のスピードが上がるのです。

第5講　やる気にさせる。

向上心のある人には、次の課題を示しましょう。

4 「あくまでも通過点」だと伝える

SCENE1

練習、一ヵ月続いたね。よくがんばってるね。

> 練習を一ヵ月続ける、というラインはクリアできたね。
> でも、ここまでは誰でもできる。次は身体だけじゃなくて、もっと頭も使いながら練習していこうね。

SCENE2

営業一課のなかで新規開拓をさせたら、○○さんの上をいく人はいない。

> 営業一課のなかで新規開拓をさせたら、○○さんの上をいく人はいない。
> けど、営業部全体にはまだ上がいるからね。今の倍くらいの数字をとるつもりで、社内1位を目指してほしい。

SCENE3

新商品の完成おめでとう。ほんとうにお疲れ様！

> 新商品の完成おめでとう。まずはお疲れ様。
> でも、作って半分、売って半分。ほんとうにがんばらなきゃいけないのは、ここからだから、気を引き締めていこう。

ブレーキさん
あなたの立場が下の場合

SCENE4

念願の校内1位、おめでとう！ 夢が叶ったね。

☞ **念願の校内1位、おめでとう。**
でも、○○さんは、校内レベルなんかで終わる器じゃない。
これから市内、県内、そして全国へと、どんどん上をめざしていってほしいな。

SCENE5

登頂おめでとう！ よくやったね！

☞ **登頂おめでとう！ よくやったね！**
でも、無事に下山するまでが登山です。
さあ、足下に気をつけて、慎重に下山しましょう。

一歩前へ！
ブレーキさんは厳しいことを言うのが苦手です。「厳しいことを言って、やる気をなくしてしまったら…」という不安はもっともです。それでも、向上心とガッツのある人には厳しく言って、「なにくそ」と思わせることも大事です。これまではほんの序の口として、次の「壁」を提示しましょう。
相手は一時的には落ち込むかもしれませんが、いずれその「壁」を乗り越えたときには、より信頼感を高めてくれるはずです。

第5講 やる気にさせる。

同じ意味でも、言い方を変えるだけで前向きになれます。

5 ポジティブに言い換える

SCENE1

そんなやり方じゃ、だめだよ。
もう1回やってごらん。

☞ **こうしたほうが、もっとうまくいくよ。**
もう1回やってごらん。

SCENE2

なんでこんなに簡単なこともできないの？

☞ **うまくいかないのには、きっと理由があるんだよね。**
一緒に考えようか。

SCENE3

○○さん、最初からそんなにおどおどした態度だと、
コンペに負けることは目に見えてますよ。

☞ **○○さんは、ふだんのように堂々としていれば大丈夫。**
落ち着いてやれば、コンペの結果はおのずとついてきますって。

ブレーキさん
あなたの立場が下の場合

SCENE4

あー、そんな危なっかしい運び方をして。まわりにぶちまけないでよ！

☞ **しっかり持って、運んでね。ゆっくりで大丈夫だからね。**

SCENE5

そんなふうに黙っていたら、相手はますます疑いの目を向けてくるよ。

☞ **相手も大人なんだから、ちゃんと話せば、きっとわかってくれるよ。**

一歩前へ！

慎重な人ほど悪いところに目がいき、アドバイスが厳しくなりがちです。日本の公園では、「そんな高いところ登っちゃだめ」「そんなに勢いよくすべっちゃだめ」「お洋服汚しちゃだめ」と、親の「だめ」攻撃にさらされている子どもをよく見かけます。心配する気持ちが、つい「だめ」という言葉を生んでしまいます。一方、アメリカの公園では、"Good job!" や "Well done!" と、子どものチャレンジ精神を評価しているのを耳にします。「人に迷惑をかけない」日本の子育ても個人的には好きですが、同じ愛情をかけるなら、ほめて自信をつけてあげて、のびのび育てたいものです。

第5講　やる気にさせる。

「お前はわかってない感」が相手の反発を生むかもしれません。

6 相手の理解力を信じる

SCENE1

ほんとはこんなこと言いたくないけどさ、
部下を人前で怒るのは、どんな状況でもNGだよ。

☞ ○○さんなら、**わかってくれると思うから言うけどさ**、
部下を人前で怒るのは、どんな状況でもNGだよ。

SCENE2

○○さん、このフロアでタバコを吸っちゃまずいよ。そんなことするかな。ふつう。

☞ ○○さん、このフロアでタバコを吸っちゃまずいよ。**うちの会社、そのへんけっこう厳しいから、気をつけてね。**

SCENE3

○○さんのためを思って言うんですけど、
やっぱり最低限のパソコンの知識は身につけておいたほうがいいと思いますよ。

☞ ○○さんの**キャリアからして、これまで必要なかったと思うんですけど**、やっぱり最低限のパソコンの知識は身につけておいたほうがいいと思いますよ。

LESSON 5

ブレーキさん
あなたの立場が下の場合

SCENE4

> わたしの説明のどこを聞いて○○さんが誤解なさったのかよくわかりませんが、引っ越しに関わるご家族の旅費は負担いたしかねます。

☞ <u>わたしの説明不足で○○さんの誤解を招いてしまったのなら申しわけなく思いますが、</u>
引っ越しに関わるご家族の旅費は負担いたしかねます。

一歩前へ！
伝えづらいことを伝えるには、どうしても前置きが必要です。
でも、前置きはあればいいというものではありません。
「ほんとはこんなこと言いたくないけどさ」と言われたら、「だったら言わなきゃいいのに」と思いませんか。
相手にきちんと悪い点を直してもらうためには、「まず相手を肯定する」ことが大事です。

第5講　やる気にさせる。

アクセルちゃん
おもにあなたの立場が上の場合
（上司・先輩・客など）

理由のないダメ出しは、相手を不快にするだけです。

1 理由を添える

SCENE1

スタートダッシュがぜんぜんダメ！

☞ **ダメダメ！　走り出してから3メートルぐらいのところで上半身が起きちゃってるよ。低い姿勢を10メートルぐらい保つような気持ちで走らないと。**

SCENE2

なんでわたしに相談してくれなかったの？

☞ **そういうときはわたしにひと言相談してくれない？
じゃないと、もしなにかあったとき、○○さんをフォローできないじゃない。**

SCENE3

あいさつがよくないなあ。

☞ **あいさつがよくないなあ。
声は出てるけど、姿勢が悪いからかな。あと、ちゃんと相手の目を見て、笑顔を見せたほうがいいと思うよ。**

LESSON 5

アクセルちゃん
あなたの立場が上の場合

SCENE4

このチラシ、デザインがいまいちだな。もうちょっと工夫して。

うーん、このチラシ、なんだろう、高齢者向けだよね？
文字が大きすぎるのかな。色使いも地味めだし。
もうちょっと若者向けに工夫して。

SCENE5

ひとりで自分勝手にすねてる場合じゃないでしょ。

みんな、○○さんが戻ってきてくれるのを信じて、あのときほとんど徹夜で必死にフォローしたんだよ。今だってデスクも、荷物もあのときのままだし。それなのに…。
ひとりで自分勝手にすねてる場合じゃないでしょ。

半歩下がって！

立場が上になり、部下に指示を出すことに慣れてくると、ダメ出しがおおざっぱになり、厳しい言葉を投げかけてしまいがちです。

単にダメだと伝えても、相手のモチベーションを下げるだけです。直感的に「ダメだ」と感じたら、ダメ出しをする前に、「ダメだと思う理由」をはっきりさせましょう。適切な理由があれば、厳しい言葉を受け止めやすくなります。

他人との比較を伴うダメ出しは、良い結果を生みません。

2 比較は相手自身のなかでする

SCENE1

そんなにのんびりしたペースだと、今年の新人にも負けるよ。もっとがんばって。

☞ そんなにのんびりしたペースだと、**新人だったころの○○さん自身にも負けるよ。初心に返って**がんばって。

SCENE2

たったこれだけ？　○○社の営業マンだったら、この３倍は注文を取ってこれるよ。

☞ たったこれだけ？　**昔の○○さんだったら、この３倍は注文を取ってこれたよ。**

SCENE3

なんでそんなひどいことを言うの？　今のわたしのまわりにはそんな冷たいことを言う人はいないよ。

☞ なんでそんなひどいことを言うの？　**学生時代の○○さんはもっと思いやりのある人だったのに。**

アクセルちゃん
あなたの立場が上の場合

SCENE4

もっと自信を持って戦えよ。ほかのチームに後れを取ってるぞ。

 もっと自信を持って戦えよ。<u>去年のうちだったら、こんな連中、敵ですらなかったでしょ？</u>

SCENE5

このレベルのクオリティだったら、まだ他の人にお願いしたほうがましだったよ。いったいどうしちゃったの？

 このレベルのクオリティだったら、<u>アマチュア時代の○○さんのほうがよっぽどすばらしかったよ</u>。いったいどうしちゃったの？

半歩下がって！

他人同士を比較しても、いいことは一つもありません。負けん気を起こすどころか、「どうせ自分はダメだ」とふてくされるだけです。比較の対象にされた人も、いい気持ちはしません。比較するなら、他者との比較ではなく、その人自身の過去と比較しましょう。本人も現状を的確に把握できますし、その人の伸びしろを評価することにもつながります。

第5講　やる気にさせる。

「本人に奮起してもらいたいから」という目的を忘れずに。

3 否定ではなく期待する

SCENE1

その程度の努力じゃ、いつまで経っても売り上げは伸ばせないよ。

☞ ○○さんなら、**努力を惜しまなければ、もっと売り上げは伸ばせるはずなのに、もったいないよ。**

SCENE2

細かいミスばっかりしてるから、大きな仕事を任せてもらえないんだ。

☞ ○○さんは仕事のセンスがあるんだから、細かいミスさえなくせば、もっと大きな仕事を任せてもらえるのに。

SCENE3

締め切りを守ってもらえないなら、今回の話はなかったことにします。

☞ **今回の話をなかったことにしたくないので、なんとか締め切りを守ってもらえますか？**

アクセルちゃん
あなたの立場が上の場合

SCENE4

このまま手をこまねいていたら、開発部は潰されてしまいますね。

☞ **みんな開発部を潰したくないと思っているので、なにか大胆な手を打ちませんか？**

SCENE5

仕事のことばかり考えているから、かえって発想が枯渇してくるんだよ。

☞ **たまには思いきって仕事から離れてみたら、これまでにない発想も生まれてくるんじゃないかなあ。**

半歩下がって！

相手の行動や態度に物足りなさを感じて、全面否定したくなるときもあるでしょう。でも「もっと良くなってほしい」という本来の目的を果たすには、相手に心の底から「もっと良くなりたい」と思ってもらうような言葉が必要です。

人に厳しい言葉をかけるときは、つねに「ほめ」や「期待」とセットで示しましょう。

人から相談を受けると、すぐに助言しがちな人は要注意。

4 まずは共感する

SCENE1

どんなにデータ収集がしんどくても、続けるしかないよ。

☞ **データ収集って、ほんとうにしんどいよね。** それで、データはどのぐらい集まったの？

SCENE2

どこで聞いたの？ そんな古い手。

☞ **そういう手もあるんだね。なるほどね。**
でも、それと似たような手は以前からあるので、別の手を考えられないかなあ。

SCENE3

なんでそっちを選ぶんだよ！ センスないな。

☞ **そうか、そっちでくるか。**
わたしなら直感的にこっちを選ぶけど、なぜそっちがいいと思ったの？

アクセルちゃん
あなたの立場が上の場合

SCENE4

高いですね。そんな値段のもの買えるわけないでしょ。

 **さすがにそれだけ良い物だと、それなりのお値段しますね。
そこまで良いものじゃなくていいので、もうすこし手頃なものはありますか?**

SCENE5

そんな方法でやってたら、いつまでたっても終わらないよ。

 **たしかにそういう方法もありますね。
でも、ちょっとわたしの方法でやってみてもらえませんか?
たぶんもうすこし手間が省けると思うので。**

半歩下がって!

人から相談を持ちかけられると、相手の話を途中で打ちきって即座にアドバイスをする人がいます。でも、相談を持ちかける人のほとんどは、すぐにアドバイスを求めているというよりも、まず「自分の置かれている状況に耳を傾けてほしい」ものです。即座にアドバイスしたくなったときも、我慢のしどころ。まずは相手の話を最後まで聞きましょう。聞いただけで解決してしまうこともあり、聞くことで信頼関係も深まります。

第5講 やる気にさせる。

人は助言をするとき、自分の成功例に当てはめがちです。

5 相手の視点に切り替える

SCENE1

留学なんて行けば何とかなるって。ぼくが初めてイギリスに行ったときも、最初はまったく英語がわからなかった。でも、イギリス人の彼女ができてから、英語力が急速に伸びてさ。

☞ 留学かあ。最後の一歩を踏み出すのに勇気がいるもんなあ。ぼくが初めてイギリスに行ったときも、最初はまったく英語がわからなかったし。それで、今はどんな準備をしてるの？

SCENE2

ハワイに行くの？　じゃあ、ダイヤモンドヘッドは見たほうがいいな。あと、アラモアナ・ショッピングセンターは絶対。もちろん、ワイキキビーチも。ゴザとビーサンと日焼け止め忘れずにね。それから、パンケーキを食べるなら、絶対ここってお店があるんだけど…。

☞ ハワイに行くの？　初めてのハワイなら、ワクワクするでしょ。どういう旅行にしようと思ってるの？　絶景が見たいとか、ショッピングを楽しみたいとか、きれいな海で泳ぎたいとか、おいしいものを食べたいとかで、回るところが変わってくると思うけど…。

アクセルちゃん
あなたの立場が上の場合

SCENE3

> 営業なんて、ビール券をばらまきながら、麻雀とかゴルフの誘いになんでものっかっていれば、いつの間にか関係ができていくもんだよ。

 営業部に配属されたんだ。初めは関係づくりで苦労しそうだね。○○さんは、どういう感じで進めているの？

SCENE4

> 会社を辞めて、自分の店を出そうとしてるんだ？
> 店は大変だよ。一度はじめたら、やり続けないといけないし、大して儲からないし。それでもやるの？

 会社を辞めて、自分の店を出そうとしてるんだ？
店をはじめるのってなかなか勇気のいることだと思うけど、決意に至るまで、どういういきさつがあったの？

半歩下がって！
他人の成功例や失敗例は、じつはあまり役に立ちません。時代が違えば条件も違うし、なにより当人の個性に左右されるからです。
良いアドバイスは、相手の状況に合わせてするもの。相手の気持ちによりそって、現状を相手の視点で把握する。そのうえで、相手と一緒に考えるという姿勢が大切です。

第5講　やる気にさせる。

ミスの指摘は、おそるおそるが基本です。

6 ミスは指摘せず確認する

SCENE1

この数字、明らかにおかしいです。

☞ わたしの理解不足かもしれないのですが、
この数字、これで合っていますか？

SCENE2

ここに置いてないわけ、ないでしょう！

☞ 置いてないですか。そうなんですね。
でも、以前置いてあった気がするので、念のために、確認してもらってもいいでしょうか？

SCENE3

約束していたのは、○月○日の○時のはずです。

☞ わたしの勘違いの気もするんですが、お約束していた日時って、○月○日の○時じゃなかったでしたっけ？

アクセルちゃん
あなたの立場が上の場合

SCENE4

いやいや、その読み方は間違ってるって。

☞ **ひょっとして、その読み方、間違ってないかな?**
ちょっと調べてもらってもいい?

SCENE5

そんな話、初めて聞きました。

☞ **そういったお話を伺った記憶がないのですが…。**
すみません、メールかなにかで、お知らせいただいてましたっけ?

半歩下がって!

「間違いだ」「おかしい」とミスをストレートに指摘されると、言われた側は傷つきます。こちらの思い違いだった場合はもちろんですが、たとえそれが事実だったとしても、相手は素直に受け入れにくく、しこりが残るものです。
「あなたがいい加減な仕事をするわけがない」「責めているわけではない」という気持ちを込めて、優しく、優しく指摘しましょう。

第5講 やる気にさせる。

> 間接的に指摘して、相手に気づかせるのが一番です。

7 答えは相手に出させる

SCENE1

ここの二つの表、まったく同じ数値ですので、
データの貼り付けミスですよね？

☞ **ここの二つの表、どんな関係になっていますか？
パッと見て違いがわからないので、教えていただけますか？**

SCENE2

○○さん、この作業をやるのを忘れているよね？

☞ **あれ？　この作業って、誰の担当だったっけ？**

SCENE3

このあいだと、言っていることが違いますが。

☞ **えーと、先日どういう話で終わってましたっけ？**

アクセルちゃん
あなたの立場が上の場合

SCENE4

締め切りを、無視していませんか？

☞ **締め切りって、いつだとお知らせしてましたっけ？**

SCENE5

今○○さんのいるところで、聞かれて困るような、余計な話をしないでください。

☞ **あ、○○さん！　どうも。**

半歩下がって！

仮に自分が正しいとわかっていても、嬉々として口にしないこと。相手に説明を求めるようにしたり、状況を伝えることで、相手に気づいてもらう形を取りましょう。

相手がヒントに気づいて主体的にミスを認めたり、より良い方法を採用できれば、指摘してくれた人の心遣いを感じ、好感を持つようになります。

第5講　やる気にさせる。

【まとめ】
YARUKINI-SASERU

人を正当に評価したくても、素直に受け入れてもらえるように伝えるのはなかなか難しいものです。

ほめるのが苦手なブレーキさんは、心にもないことを言って見ぬかれ、それによって信頼を失うことに恐怖感を持っています。
しかし、相手の行動や姿勢を具体的にほめれば、見えすいたお世辞にはなりません。少々大げさであっても、具体性があれば、相手は素直に受け入れられるものです。

また、慎重派なので、「○○したらダメだ」というネガティブな言い方になりがちですが、意識的に「○○すればOKだ」というポジティブな言い方に切り替えるようにしましょう。その一言で、相手の聞く耳、姿勢が変わります。

一方、調子のいいアクセルちゃんは、良い評価も悪い評価も、あまり深く考えずに発言してしまいがちです。
相手をほめるときはよいのですが、ダメ出しをするときは、なぜダメなのかという理由、どうすればよいのかという改善点を示すことが大切です。第三者との比較や否定的な評価は相手のやる気をなくしますので、その人自身の成長や期待感を盛り込むように心がけましょう。

また、アドバイスを求められたとき、アクセルちゃんは、アドバイスが自然と自慢話や武勇伝になりがちです。しかし、相手が求めているのはアドバイスではなく、訴えを聞く耳ということが多いものです。相談事は、相手の身になって聞いてあげるだけで、解決することが大半です。さらに、人のミスを指摘するときは、直接の指摘は避け、自分自身で気づいてもらうように仕向けるとよいでしょう。そうすることで、相手は心を閉ざさず、気持ちよく修正してくれるはずです。

LESSON 6

Intensive Course In Communication Skills for Adults:
Toward Communicating Your Feelings Effectively

第6講
話を聞く。

男女の違いに応じて、
相手を話しやすくする「応答(フィードバック)」のコツ

【応答の基本】

HANASHIWO-KIKU

話しかけることができて、相手からうまく話を引き出せても、そのあと話が続かないということがあります。

話し手に話しづらくさせている主な原因は、次の2点です。

1、自分の話に興味を持ってもらえていない、と感じさせている

2、自分の話に共感してもらえていない、と感じさせている

つまり、こちら側に相手の話を聞く姿勢ができていないことを相手が感じとっているのです。

相手に気持ちよく話してもらうためには、話し手の側から、会話の状況を見てみることです。

「話を聞く」ということでは、ブレーキさん＝女性、アクセルちゃん＝男性、と考えておいて、大きな間違いはなさそうです。

女性的なブレーキさんは、話の腰を折られるのが嫌いですので、自分も相手の話の腰を折らないよう静かに聞いています。しかし、アクセルちゃんにはそれが不満です。自分の話を聞いて、どう感じているのかが伝わってこないからです。

男性的なアクセルちゃんは、話にツッコんでもらえないのが嫌いですので、自分からも相手の話に積極的にツッコみます。しかし、ブレーキさんはそれが不満です。黙って話を聞いてほしいのに、話の腰を折られたように感じるからです。

女性社会のコミュニケーションは、話の面白さよりも、話しつづけること自体を目的とする場合が多く、
男性社会のコミュニケーションは、相手にとって価値のある情報を提供することを目的とする場合が多いものです。
その違いを意識しながら、相手に「興味」と「共感」の合図を送る。
この章では、**どうすれば相手が気持ちよく話すことができるか、**「応答」という視点から、みなさんと一緒に考えます。

ブレーキさん
おもにあなたの立場が下の場合
(部下・後輩・サービスする側など)

「はい」「うん」「ええ」の使いすぎに気をつけます

1 相づちのかわりにじっと目で聞く

SCENE1

A「最近ね」
B「はい」
A「わたしゴルフに」
B「はい」
A「はまっているんですよ」
B「ええ、ええ」
A「…毎晩、素振りしているせいで」
B「はいはい」
A「もう筋肉痛で…」
B「はいはいはいはい」
A「……朝起きるのが……大変なほどなんです」
B「へえ、そんなにはまってるんですか」
A「……はい、まあ……」

> A「最近、わたしゴルフにはまってるんですよ」
> B「……(目を見てじっと待つ)」
> A「毎晩素振りをしているせいで」
> B「……(静かにうなずく)」
> A「もう筋肉痛で、朝起きるのが大変なほどなんです」

LESSON 6

ブレーキさん
あなたの立場が下の場合

> B「へえ、そんなにはまってるんですか」
> A「そうなんですよ！ どうです？ 今度一緒に行きませんか？」

一歩前へ！
「はい」「うん」「ええ」はふつうの相づちです。
相づちは、同意をあらわす yes の意味だけでなく、「話を聞いているよ」という合図にもなります。女性的なブレーキさん同士の話でとくによく使われ、電話では、話を聞いていることを示すのに不可欠です。
しかし、男性的なアクセルちゃんにとって、この相づちが耳障りなことがあります。理由は、次の三つです。

1. 話のあいだに相づちを挟まれすぎると、自分の話に集中できなくなる。（話の腰を折られる感じです）

2. 相手に自分の話の主導権を握られ、支配されているように感じる。（ボス的な人は不要な相づちが増えがちです）

3. 「うん」と「ええ」、とくに「うん」が見下されている感じがする。（「うん」は目上の人に相当失礼な印象を与えます）

良かれと思って打っている相づちが、耳障りになっていることは、自分ではなかなか気づきにくいものです。親しい人に、自分の相づちが過剰でないか、確かめてみるといいでしょう。

「そうなんだ」だけでは物足りない感じがします。

2 同意のかわりに感情表現を挟む

SCENE1

A「最近、仕事はどんな感じですか?」
B「じつは最近、会社を移ったんです。まわりの人も環境も一気に変わったので、まだ仕事に慣れなくて、なにかと神経をつかっています。でも、上司が、担当する業務のことは気にしなくていいから、まずは新しい雰囲気に慣れることに専念してって言ってくれてるんです。だから、今はすこし甘えさせてもらっている感じですかね」
A「へえ、そうなんですか」
B「……」

☞ A「へえ、ものわかりのいい方でよかったですね。やっぱり、上司がそういう方だと気持ちが楽ですよね。頼りになるというか。ほんと、うらやましいです」
B「そうでしょ？ 上司には心から感謝しているんです。前の会社よりも成果を出さなきゃって、今は気を引き締めてます」

ブレーキさん
あなたの立場が下の場合

SCENE2

A「三連休はどんなふうに過ごされていたんですか?」
B「いやー、それがね、インフルエンザにかかっちゃって、ずっと家から出られなかったんだよ」
A「そうだったんですか」
B「……」

☞ A「それは大変でしたね。息子さんもかわいそう。せっかくのお天気だったのに」
B「そうなんだよ。ほんとだったら、息子と一緒にマラソン大会に出る予定だったんだ」
A「え、親子でマラソンしてらっしゃるんですか、すごいですね。まさかフルマラソンとか?」
B「いやいや、そんなたいしたもんじゃないんだけどね」

一歩前へ!
「そうなんだ」「そうだよね」「そうですか」「そうですね」「そうか」「そうだね」など、「そう」がつく相づちを、ブレーキさんは好んで多用します。これらは、相手の話の内容を指し、相手の話をそのまま受け入れるので、本来失礼ではありません。
ところが、アクセルちゃんには物足りないのです。聞き流され、自分の話に興味を持ってもらえないように感じるからです。
「そう」がつく相づちの単調さを防ぐために、「面白いね」「すごいなあ」「よかった」「それはつらい」「最悪じゃん」のように、評価の形容詞を意識的に交ぜていくことが大切です。

第6講 話を聞く。

適当に流されたり、上から言われているように響きます。

3 「たしかに」「なるほど」を抑える

SCENE1

A「『たしかに』っていう相づちを聞くと、『ほんとに同意してるの？　早く会話を終わらせたいだけじゃないの？』って、ツッコみたくなるときない？」
B「たしかに」
A「……」

A「『たしかに』っていう相づちを聞くと、『ほんとに同意してるの？　早く会話を終わらせたいだけじゃないの？』って、ツッコみたくなるときない？」
B「うーん、そんなこと今まで考えたことがなかったな。でも、そうだね、あんまり『たしかに、たしかに』って連発されると、話を続ける気がちょっと失せるかもね」
A「でしょでしょ？」

SCENE2

A「『なるほど』って相づちを打つ人って、納得してるフリをしつつ、じつは心の奥底で納得してないことがあるんですって」
B「なるほど」
A「……」

A「『なるほど』って相づちを打つ人って、納得してるフリをしつつ、じつは心の奥底で納得してないことがあるんですって」
B「へえ、そういう考え方もあるんですね。わたしもつい悪気

ブレーキさん
あなたの立場が下の場合

なく『なるほど』って言っちゃうことがあるな。適当に相づち打ってるのが、無意識にばれてるんでしょうね。今度から気をつけようっと」
A「ねー！　おたがい気をつけようね！」

SCENE3
A「そんなこんなでさ、『なんだ、あのふたり付き合ってるんじゃん』って確信しちゃったわけ」
B「（心の込もらない感じで）なるほどねー」
A「……Bさんは、やっぱ、興味ないんだ」
B「えっ、なに？　そんなことないよ」

☞ A「そんなこんなでさ、『なんだ、あのふたり付き合ってるんじゃん』って確信しちゃったわけ」
B「よく観察してるねえ。でも、だとしたら、びっくりだね」
A「びっくりだよねー」

一歩前へ！
「たしかに」「なるほど」は、相手の話に同意し、納得したことを示す相づちです。どんな話にでも合わせられる便利な言葉なので、会話の沈黙を埋めるのに使いやすいと言えます。
ただ、人の話を聞いていなくても使える相づちですので、使いすぎは禁物。とくに目上の人にたいする「たしかに」や「なるほど」の多用はおすすめできません。どちらも、「感心した」というニュアンスを含むからです。そのニュアンスには上から目線が入り込み、偉そうに響いてしまうことがあります。

第6講　話を聞く。

ブレーキさんは、ほめられるのが苦手です。

4 ほめられたら感情を込めて返す

SCENE1

いえいえ！　わたしの実力なんて、たかが知れています。

☞ **ありがとうございます。そんなふうにほめてもらえると、また次もがんばろうって気持ちになれます。**

SCENE2

たまたま運が良かっただけです。

☞ **○○さんが、なにからなにまで教えてくださったおかげです。**

SCENE3

そんな！　わたしの可愛さなんて、ぜんぜんです。

☞ **素直に嬉しいです。いつもそんなふうにほめてくれる○○さんって、ほんと優しいですね。**

ブレーキさん
あなたの立場が下の場合

SCENE4

なにをおっしゃいますやら。ぜんぜん大した話ではありませんよ。

☞ そんなこと、初めて言われたのでとっても嬉しいです。きっと、○○さんが聞き上手だから、面白い話が自然とわいてくるんですね。

SCENE5

まだまだだということは自覚しています。

☞ ほめていただき、恐縮です。早く○○さんに追いつけるようにがんばります。

一歩前へ！
ブレーキさんはほめられることに弱く、すぐに否定してしまいがちです。肯定をすることにより、「自覚しているんだ」と思われるのが怖いからです。
かといって変に謙遜しすぎたり、別の話題に変えたりすると、ほめてくれた人の厚意が無に帰して、心の距離は縮まりません。相手が本気でそう思って、ほめてくれていると感じられたときは、ほめてくれた相手にも気持ちよくなってもらえるよう、素直に「ありがとう」で返しましょう。

第6講　話を聞く。　189

相手が振ってくる話題は、相手が振ってほしい話題です。

5 話題をお返しする

SCENE1

（家族の健康をたずねられて）
おかげさまで、うちの家族は最近とくに病気もせず元気にやっております。じつは、去年母親が足を悪くしてしばらく杖の世話になっていたんですが、地元の友人からいい温泉を紹介してもらって、最近ずいぶん具合も良くなったみたいで。あとそうだ、下の子がインフルエンザの注射を嫌がってたんですけど…（延々と続く）

☞ おかげさまで、うちの家族は最近とくに病気もせず元気にやっております。お宅のご家族のみなさまはいかがですか？　年末に奥様が入院なさっていたと伺っておりましたが。

SCENE2

（就活の状況をたずねられて）
それが、なかなか決まらないんだよね。もう気持ちが落ち込む一方だよ。ああ、もうやだやだ、誰かどうにかしてくれって感じ。

☞ それが、なかなか決まらないんだよね。○○さんこそ、どうなの？　この間「うまくいくかも」とか言ってたじゃない？　あのあとどうなった？

ブレーキさん
あなたの立場が下の場合

SCENE3

（仕事の状況をたずねられて）
夏のあいだは人手が足りないくらいでしたが、秋に入ってからはだいぶ仕事も落ち着いてきました。かといって、ずっと落ち着いているわけにもいかないので、そろそろ仕事を取ってこないと、年を越せなくなっちまうぞ、って若い連中にハッパをかけてるんですが、なにしろ今の若い連中ときたら……（延々と続く）

☞ 夏のあいだは人手が足りないくらいでしたが、秋に入ってからはだいぶ仕事も落ち着いてきました。○○さんのほうはどうですか？ 何人かスタッフの入れ替えがあったそうですが、会社はお忙しいですか？

一歩前へ！
「ご家族はいかがですか」「お身体の具合はどうですか」など、個人的な話題を振られることがあります。
そうした話題を振った人は、同じ話題を、自分に返してもらうことを心待ちにしているかもしれません。ありがとうの気持ちを込めてお返事をするのはもちろん、お礼に同じ話題をお返ししてあげましょう。

第6講 話を聞く。

ただひたすら謝っても、事態は収まりません。

6 謝る点を絞る

SCENE1

（「聞いていた話と違う」とお客さまが怒り出したとき）
申しわけありません。申しわけありません。ほんとに申しわけありません。

☞ **説明不足だったこと**をお詫びいたします。ほんとに申しわけありませんでした。

SCENE2

申しわけありません。わたくしどもに落ち度がありました。ただ、当店にはハウスルールがありまして、お客さまにはそれを守っていただかないと……。

☞ **不快な気持ちにさせてしまい**、申しわけありません。ただ、当店ではほかのお客さまのご迷惑になる行為は固く禁じております。恐れ入りますが、ご遠慮ください。

SCENE3

多大なるご迷惑をおかけし、心からお詫び申し上げます。

☞ 現在、全力で復旧作業に当たっており、夕方ごろには復旧の見込みです。**ご不便をおかけして**申しわけありません。

ブレーキさん
あなたの立場が下の場合

SCENE4

ご購入いただいた商品に不具合があったとのこと、たいへん申しわけありません。お怒りはごもっともです。わたくしどもの責任で、どうお詫びを申し上げてよいやら。

☞ **ご不自由をおかけしてたいへん申しわけありません。当方でお預かりし、不具合の原因を至急調査させていただきます。恐れ入りますが、もうしばらくご辛抱いただけますか。**

SCENE5

いろいろすみませんが、法律で決まっていることなので、ご面倒でもすべてご記入ください。

☞ **ご面倒をおかけして申しわけありません。法的な契約書なので、お手数ですが、すべてご記入ください。**

一歩前へ！

ブレーキさんはその場を切り抜けるために、ひたすら謝ってしまう傾向があります。

きちんと謝ることは事態収拾に欠かせませんが、無限定に謝ってしまうと、負うべき責任も無限定にしてしまう危険があるので、ビジネスの場面では避けましょう。

「説明不足で」「ご心配をかけて」「ご不便をかけて」「不快な気持ちにさせてしまって」などと、まずはお客さまの気持ちを害した点にたいして謝る。そのうえで、状況を正確に把握し、改善策を示す。または、上司に確認する。その場で改善策を示せない場合は、いつになれば示せるかを伝えます。

第6講　話を聞く。

アクセルちゃん
おもにあなたの立場が上の場合
(上司・先輩・客など)

ほかのことに気を取られていると、声のトーンでばれてしまいます。

1 相づちはオーバーぎみに感情を込める

SCENE1

「うんうん」「はいはい」「えーえー」

☞ 「うん! うん!」「はい! はい!」「ええ! ええ!」

半歩下がって!

「『はい』は一回でいい!」と注意された経験はないでしょうか。声に覇気のない「はいはい」は、わかったから早く話を終わってほしいという合図にもなり、相手を不快にさせるのですが、ときどきそれが癖になっている人がいます。

本来「はいはい」「うんうん」「えーえー」などのくり返しの相づちは、相手の話に身を入れて聞いているという雰囲気を伝えるものです。とくに、親しい間柄では、共感を示すのに使われるので、きちんと感情を込めさえすれば、親しさも増すでしょう。

SCENE2

「ふーん」「へー」「ほー」

☞ 「ふうーん!」「へえー!」「ほおー!」

半歩下がって!

「ふうん」「へえ」「ほお」は、驚いたり感心したりするときに

LESSON 6

アクセルちゃん
あなたの立場が上の場合

使う言葉です。
だから、言い方に心がこもっていないと、表面的に感心して見せているだけということがなんとなく伝わり、相手は馬鹿にされているように感じてしまいます。
知らなかった話には素直に感心し、その感心した気持ちを、「へえー!」という驚きの声の質に反映させられる。そういう人は、それだけで相手にとって魅力的に映るものです。

SCENE3

「うそだー!」「ありえない!」「ないない!」

☞ 「ほんとうに? それはすごい!」「うわ、びっくりだね、それは!」「へえー、そんなことあるんだ」

半歩下がって!
日本語には相手の発言の内容を疑う、または否定する相づちが豊富にあります。
会話を盛り上げるのに効果的な相づちで、当たり前のように多用している人も多いと思いますが、じつは世の中にはこの相づちを苦手とする人が多くいます。自分の話の内容が疑われ、話の腰を折られるように聞こえるようなのです(アクセルちゃんには信じがたいかもしれませんが)。
手あかのついていない、長めの相づちを打つと、気持ちを入れて聞いている感じが伝わります。

第6講 話を聞く。

相手の話に異を唱えるのは最小限に留めます。

2 感情は否定せず受け入れる

SCENE1

（「ラッシュ時のキャリーバッグって迷惑だよね」と言われて）
いや、そうかな？　ぼくはあんまり気にならないけど。

☞ そうだね。人によっては気になることもあるよね。

SCENE2

いや、どうだろう？　だれがどう見ても、話をこじらせたくなかったら、○○さんは黙っておくべきじゃない？

☞ その気持ち、わかる。たしかに教えたくはなるよね。
でも、なんとなく○○さんが黙ってたほうが、話がうまくいきそうな気もするけど。どうだろう？

SCENE3

あの人のことをそんなふうに言うべきじゃないよ。みんなのために嫌われ役を買って出てるんだから。

☞ そうね。あの人のことをそう言いたくなるときもあるよね。ただ、個人的には、みんなのためにあえて嫌われ役を買って出てるんじゃないかなあと思うときもあるけど、どうかな？

アクセルちゃん
あなたの立場が上の場合

SCENE4

あの番組が好きなんですか？ わたしは面白いと思ったことはないです。

 あの番組が好きなんですか。はまる人はけっこうはまるみたいですね。わたしの身近にもはまっている人がいますし。

SCENE5

だめだよ。夜中にまたそんなの食べたら太るに決まってるでしょう。

 たしかにおいしそう！ 食べたくなるなあ。夜中にこんなおいしそうなものを見せるなんて罪だよね。食べたら太っちゃうもん。

半歩下がって！

男女の違いの特徴として、とくに男性は「自分の主張」を、女性は「気持ちの共有」をしたがる傾向があります。

（おもに女性が）相手に意見を求めているのではなく「ただ話を聞いてほしい」という気持ちで話しているときに、（おもに男性が）相手の発言に「いや」「そうかな」「違うよ」と異を唱えたところで、良いコミュニケーションにはなりません。

自分が大切にしている信念にそむく必要はありません。ただ、大した話でないなら、ほんとうはそう思わなくても、ときどき話を合わせてあげることも大事です。

第6講　話を聞く。

興味のない話題でも、急に変えるのはマナーに反します。

3 話を変える前に相手の話を評価する

SCENE1

そういえば、今度の飲み会、場所どこだっけ？

☞ へえ。先輩は酔っ払うと、そんなにいい話をしてくれるんだ。
あ、酔っ払うで思い出したけど、今度の飲み会、場所どこだっけ？

SCENE2

ていうか、明日の試験、準備できてる？

☞ そっか。そんなつらい目に遭ったんだ。涙出ちゃうね。
（間）そうそう、明日のことなんだけど、試験、準備できてる？

SCENE3

ところで○○さん、例の書類はどこにあるかな？

☞ ○○さんのまわりって、いつも整理整頓されているね。
ところで○○さん、例の書類ってすぐ出てきそう？

アクセルちゃん
あなたの立場が上の場合

SCENE4

つーか、もう眠いし、帰らない?

☞ **今日の集まりは最高だった。久しぶりに○○さんとも会えたし。（間）ということで、今朝も早かったし、眠いから帰らない？**

SCENE5

逆に、来月の同じ日とかご都合いかがですか？

☞ **その日はちょっと都合がつかないんです。ごめんなさい。かわりに、来月の同じ日のご都合はいかがでしょうか？**

半歩下がって！

自分の興味のない話になると、すぐに話題を変えてしまう人がいます。たしかに、日本語には話題を変える接続詞（「そういえば」「ところで」「でさあ」「ていうか」「てか」「つーか」など）が豊富です。

でも、話題を変えたいときは、「それって、面白いよね」「さすが、○○さんですね」「考えさせられる話ですね」などと、相手の話を評価し、一度まとめてから「ところで」と別の話題を切り出すのが賢明です。

話している人にとって、自分の話の番を奪われることほど不快なことはないからです。

第6講　話を聞く。

「謝ったあとの逆接」は火に油。最悪です。

4 非を認めて自分で直す

SCENE1

コーヒーこぼしてしまってすみませんでした。こぼしやすいところに置かれていたもので。

☞ コーヒーこぼしてしまってすみませんでした。またこぼしてしまいそうなので、ちょっとだけ置く場所を変えておきました。

SCENE2

欠席してしまって、申しわけありませんでした。日程にかんするご連絡をいただいたのが、ぎりぎりだったものですから。

☞ 欠席してしまって、申しわけありませんでした。次回は、こちらから早めに日程の調整をさせていただきますね。

SCENE3

予算をオーバーして申しわけありません。経理からとくに注意がなかったので、気にせず使ってしまいました。

☞ 予算をオーバーして申しわけありません。今後は経理にきちんと確認するようにいたします。

アクセルちゃん
あなたの立場が上の場合

SCENE4

勝手に破棄してしまって申しわけありません。廊下に放置されていたので、てっきり捨てていいものだと思ってました。

☞ **勝手に破棄してしまって申しわけありません。今度から廊下に置いてあるものも、捨てていいものかどうか、○○さんにあらかじめ伺うようにします。**

SCENE5

説明不足で申しわけありませんでした。○○さんから質問がなかったので、理解していただけているものだと勘違いしておりました。

☞ **説明不足で申しわけありませんでした。○○さんにもう一度、ご不明な点がないかどうか確認すべきでした。**

半歩下がって！

なにか失敗をしても、勝ち気な人は、100％の非を認めるのが許せず、どうしてもひと言付け加えてしまいます。

ところが、「でも」「けど」「しかし」という言葉を続けると、「自分は悪くない」という主張だけが強調されることになります。

形だけは謝っていても、反省はしていないことが相手に伝わり、怒りを倍増させます。

自分に非があることが明白な場合、相手にも多少の責任があると感じても、自分の非を前面に出して謝るほうが、誠意が伝わります。

第6講 話を聞く。

相手の要求には、いったん応える姿勢を見せます。

5 拒否や否定はひと呼吸置く

SCENE1

（お客さまの強引な要求に）
無理だと思います。

☞ **難しいとは思いますが、念のため、確認してみます。**

SCENE2

やっても無駄だと思います。

☞ **いやー、可能性は低いと思いますけど、
やるだけはやってみましょう。**

SCENE3

ろくな結果にならないと思います。

☞ **おすすめはしません。
でも、どうしてもとおっしゃるなら、やらせていただきます。**

あなたの立場が上の場合

SCENE4

できればお断りしたいです。

☞ <u>やってやれないことはないかもしれませんが、</u>
まったく自信はありません。

SCENE5

やめたほうがいいと思います。

☞ わたしはうまくいった例を存じ上げないのですが、
<u>念のため、その方面に詳しい人に確認しておきますね。</u>

半歩下がって！
たとえ相手がお客さまであっても、その要求にすべて応えていたら、身が持ちません。でも、それを態度に示したらサービス業失格です。
相手の要求をすぐに拒否すると、険悪な空気が流れますので、努力する姿勢をそれとなく見せることが大切です。
「あなたの提案（アイデア）について、検討してみます」という姿勢さえ見せれば、要求が叶わなくても、納得してもらいやすくなるはずです。

第6講　話を聞く。

【まとめ】
HANASHIWO-KIKU

相手の話をどう受け止めているか。それは相づちに典型的に現われます。

ブレーキさんは、話の腰を折られるのを嫌います。
ですから、自分がアクセルちゃんで、相手がブレーキさんだと感じたら、できるだけ相手の話にツッコまず、いじらず、否定せず、じっと聞くように心がけます。もちろん、急に話題を変えるのも好ましくありません。

一方、アクセルちゃんは、自分の話にツッコミが入らないことに、物足りなさを感じます。
ですから、自分がブレーキさんで、相手がアクセルちゃんだと感じたら、できるだけ相手の話にツッコみ、いじり、積極的に驚いたり否定したりしてみせ、話を盛り上げるように心がけます。関心を持って聞いていることを、相づちの声色にも反映させましょう。

もちろん、ブレーキさんも、アクセルちゃんも共通して
1、自分の話に興味を持ってもらいたい
2、自分の話に共感してもらいたい
と思っています。

ただ、聞き手の「興味」と「共感」の示し方にたいする期待が、
ブレーキさんとアクセルちゃんとでは正反対なのです。
その違いがわかると、相手の話を聞くことが楽しくなり、そ
れを感じる話し手もまた、話すことが楽しくなってきます。

LESSON 7

Intensive Course In Communication Skills for Adults:
Toward Communicating Your Feelings Effectively

第 7 講
説明する。

思わず注意が引きつけられ
自然に頭に入ってくる「説明」の言葉

【説明の基本】
SETSUMEI-SURU

相手がひとりでも大勢でも同じ。
自分が話す内容を、聞き手にきちんと理解してもらうためには、当たり前ですが、
1、聞き手の注意を引きつけること
2、聞き手にとってわかりやすく伝えること
この二つの工夫が欠かせません。

一般に「説明が苦手だ」という人の場合、ブレーキさんならば「聞き手の注意を引きつける」のが苦手で、アクセルちゃんならば「聞き手にわかりやすく伝える」のが苦手です。
ただ、どちらの説明下手も、根っこにあるものは同じです。
「自分の話」ばかりに意識が向き、聞き手の関心や理解に意識が向いていない、ということです。

たしかに、説明を必要とする場面では、なにかと緊張をともなうことが多く、自分の話の内容を組み立てることだけで必死になりがちです。
ですが、慣れてくると**「相手が説明を聞く姿勢になっているかどうか？」「相手が説明についてきているかどうか？」を配慮しながら話すほうが、頭のなかで話の内容をわかりやすく整理し、披露できる**ものです。

この章では、これを基本として、「相手が聞く姿勢になってくれる」ような、また「相手がきちんとついてこられる」ような、かゆいところに手が届く説明の言葉を学びます。

ブレーキさん
おもにあなたの立場が下の場合
（部下・後輩・サービスする側など）

その優しさが、回りくどさになっています。

1 要点を先に示す

SCENE1

さっき施設課から電話があったんですけど、今日、消防用設備の点検があって、点検事業者がお昼休みの時間に点検に来るんだそうです。すみませんが、廊下の荷物を至急片づけていただけませんか。

☞ すみませんが、廊下の荷物を至急片づけていただけませんか。今日は消防用設備の点検の日で、点検事業者がお昼休みの時間に点検に来るって、さっき施設課から電話があったので。

SCENE2

なんでずっと黙ってたの。ほかのスタッフといくら話しても、問題が大きくなるだけで、具体的な解決にはつながらないのに。部内でトラブルが起きたら、わかってるとは思うけど、まずわたしに相談してね。

☞ 部内でトラブルが起きたら、まずわたしに相談してね。わたしが責任を持って解決に動くから。

ブレーキさん
あなたの立場が下の場合

SCENE3

さっきはあえて指摘しなかったんだけど。わたしがお茶に手をつけなかった理由、わかる？ ちょっと自分の頭で考えてみてくれる？

☞ **お茶を出すときは、かならずお客さんのほうからね。次回から気をつけてね。**

SCENE4

ゆうべ2時間しか寝られてなくて、つらいんです。部長から頼まれていた仕事がぜんぜん終わらなくて。いつもだったらあんまり寝なくても平気なんですけど、睡眠不足のせいで、体力が落ちて、風邪を引いたみたいで。だから、今日の会議、欠席してもいいでしょうか？

☞ **今日の会議、欠席してもいいでしょうか？
仕事の疲れが出て、風邪を引いたみたいなので。**

一歩前へ！
いきなり頼み事をするのがぶしつけだと感じ、要点を後回しにする傾向はありませんか。
聞き手は、結論を先に言ってほしいと思っているものです。
相手がなにをすべきかを先に示し、そのあとに理由を述べるのが賢い伝え方でしょう。

最初に聞き手の注意力を高めましょう。

2 要点を価値づける

SCENE1

（会議の席上で）
今月施行される新しい法令のポイントは4点です。まず…

> 今月施行される新しい法令のポイントは4点です。
> <u>わたしたちが業務を行ううえで、どれも重要なものなので、ぜひ最後まで集中して聞いてください。</u>まず…

SCENE2

今から山を登るときの装備を説明するので、聞いてください。

> 今から山を登るときの装備を説明します。
> はい、いいですか。<u>ここは下手をするとみなさんの命にもかかわることなので、よーく聞いてください。</u>

SCENE3

これから2種類の映像をお見せしますが、違いがどこにあるのか確かめてみてください。

> さて、それではここからが本番です。スクリーンに注目してください。これから2種類の映像をお見せしますが、<u>この違いがわかる人はかなり美的センスがあると言えます。その目でよく確かめてみてください。</u>

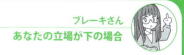
ブレーキさん
あなたの立場が下の場合

SCENE4

次は、新サービスについてお話しします。

 ここまでは、旧来の営業の常識について簡単にお話ししました。
しかし、ここから先の話はまったく違います。
これまでの営業の常識ではとても考えられなかった、新サービスが始まろうとしているのです。

一歩前へ！
要点を先に示すだけでは、聞き手がその要点を聞き流してしまうおそれがあります。
そこで、聞き手の注意力を高めるために、
「ここに興味深いデータがあります」
「これまでにない画期的なシステムです」
「営業のスタイルが根本から変わるサービスです」
など、これからいかに大事なことを説明するかを予告しましょう。
これから示される情報に価値を感じてもらえれば、それだけ理解力も高まります。

説明が単調に聞こえるのは、接続詞のせいかもしれません。

3 同じ接続詞をくり返し使わない

SCENE1

> まず、A社を訪問しました。
> で、営業部長と会って、お茶をしました。
> で、工場に行って、見学をさせてもらいました。
> で、B社を訪問しました。

☞ まず、A社を訪問しました。
そこで、営業部長と会って、お茶をしました。
そのあと、工場に行って、見学をさせてもらいました。
次に、B社を訪問しました。

SCENE2

> 暗証番号を入力します。で、鍵を差し込んで回しますよね。んで、鍵穴の左にある解錠ボタンを押します。で、「指紋認証します」とアナウンスされます。で、指紋を当てたらセキュリティ解除完了です。

☞ はじめに、暗証番号を入力します。
それから、鍵を差し込んで回します。
そのまま、鍵穴のすぐ左にある解錠ボタンを押します。
すると、「指紋認証します」とアナウンスされますので、
最後に、指紋を当てたらセキュリティ解除完了です。

ブレーキさん
あなたの立場が下の場合

SCENE3

> まず改札を出てください。それから、左にまっすぐ進んでください。それから、駅前の緑道に沿って歩いてください。それから、その緑道を200メートルほど進んでください。それから、赤い看板が見えてきたら、そこでお電話ください。

☞ **まず**、改札を出てください。
続いて、左にまっすぐ進んでください。
すると、駅前に緑道があるので、緑道に沿って歩いてください。
それから、その緑道を200メートルほど進んでください。
そして、赤い看板が見えてきたら、そこでお電話ください。

SCENE4

> お豆腐を買ってきて。あと、牛乳とバターがほしい。あと、トイレットペーパー。あと、台所用洗剤も。

☞ お豆腐を買ってきて。
それから、牛乳とバターがほしい。
それと、トイレットペーパー。
あと、ついでに台所用洗剤も。

一歩前へ！
単調な話し方は、接続詞に表れます。説明のときに多く表れる接続詞は、「（それ）で」なので、話の展開に起伏をつけるために、なるべく「（それ）で」を減らすよう意識しましょう。
文脈に合った、接続詞のレパートリーが自然と増えるはずです。

第7講 説明する。

憶えてきた感じを出さないために一工夫します。

4 「えーと」を「あのー」に変える

SCENE1

御社を志望した動機は三つありまして、一つ目は、えー、子どものころから御社の商品を使わせていただいていて、すごく愛着があるということです。えーと、二つ目は、来店客として利用していたときも、御社が作り出す世界観に憧れていたということ。三つ目は、んー、友人が御社でお世話になっており、つねづね御社の取り組みについて話を伺っていて、すばらしい会社だと感じていたということ。以上です。

☞ **御社を志望した動機は、あのー、まずなによりも、子どものころから御社の商品を使わせていただいていて、すごく愛着があるからです。それからなんだろう、来店客として利用していたときも、やっぱり御社が作り出す世界観に憧れがありました。あとはそのー、友人が御社でお世話になっており、つねづね御社の取り組みについて話を伺っていて、すばらしい会社だと感じていたものですから。**

SCENE2

感想ですか？　えーと、外はパリパリだけど、えー、なかはしっとりとしておいしいです。

☞ **感想ですか？　そうですねー、外はパリパリなのに、そのー、なかはしっとりとしてますよね。おいしいです。**

ブレーキさん
あなたの立場が下の場合

SCENE3
○○さん、今までありがとう。えーと、ほんとうにお疲れ様でした。○○さんがかけてくれた優しい言葉の数々は、えーと、ぼくにとっての一生の財産です。

○○さん、今までありがとう。**あのー、ほんとうにお疲れ様でした。**○○さんがかけてくれた優しい言葉の数々は、**そのー、**ぼくにとっての一生の財産です。

一歩前へ！
憶えてきたことを話しても、相手の心には届きません。記憶の再現ではなく、その場で考えたことを肉声で語りましょう。
嫌われないように、失敗しないように、という気持ちが強い人ほど、型どおりの話し方を好みます。
もちろん、話す内容を準備するのは悪いことではありません。ただ、憶えてきた内容をそのまま、型どおりに再現することが問題なのです。
憶えてきたことを思い出そうとすると、記憶の再生に注意が行きすぎ、聞き手にたいする配慮がおそろかになってしまいます。その結果、「えー（と）」という言葉が増えてしまうのです。「あのー」「そのー」「なんだろう」「そうですねー」なら、その場で考えている感じが出るので、問題ありません。

準備してきたことを一生懸命話されても、聞き手は退屈してきます。

5 アクセントを入れる

SCENE1

次に、こちらのグラフをご覧ください。

☞ 次に、こちらの表をご覧ください。
表じゃなくて、どう見てもグラフですね。失礼しました。

SCENE2

あとはここをクリックするだけで、データはすべて安全に破棄されます。

☞ あとはここをクリックするだけで、データはすべて安全に破棄されます。クリックってわかります？ マウスの左のボタンをポチッと押すことです。紙を挟むのは、ああ、クリップですね。

SCENE3

火力を弱めにして、油の量をきちんと量れば、鉄製のフライパンでも焦げないものです。

☞ では、ちょっと実際にやってみましょう。鉄製のフライパンでも、このように火力を弱めにして、油の量をきちんと量ってやってみると、ほらどうですか？ ぜんぜん焦げないでしょ？

ブレーキさん
あなたの立場が下の場合

SCENE4

一橋大学のある国立市(くにたち)は、「国分寺」の「国」と、「立川」の「立」から1文字ずつ取っています。

☞ **みなさん、一橋大学のある国立市はご存じですよね。では、名前の由来はご存じでしょうか?** はい、そうです。「国分寺」の「国」と、「立川」の「立」から1文字ずつ取っています。中央線の駅の並びで考えると、すぐにわかりますね。でも、残念ながら知名度が低く、国立(こくりつ)とよく間違われます。

一歩前へ!
立て板に水の、スキのない説明は、かえって記憶に残らないものです。
長い説明をするときは「飽きさせない工夫」が必要です。
わざと言い間違える、話を脱線させる、聞き手にも考えさせるなど、聞き手の意識を変えるアクセントを、偶然に頼らず、あらかじめ仕込んでおくのも手です。

第7講 説明する。

話が長いと、聞いているほうはいらいらします。

6 余計な情報は削る

SCENE1

（「女子トイレはどこですか？」と聞かれて）
すみませんが、このフロアにはありません。
このフロアは2階なのですが、女子トイレは3階です。
そこに上りのエスカレーターがありますよね。
そのエスカレーターに乗って3階に上がってください。
降りたらすぐ左に曲がって、またすぐ左に曲がって、
すこし行くと、左手に下りのエスカレーターが見えます。
女子トイレはそのそばです。

> その上りのエスカレーターに乗って、ひとつ上の階に上がってください。
> 降りたら、反対側にある下りのエスカレーターのほうに、
> 左から回ってください。
> 女子トイレはそのそばです。

SCENE2

胃薬がほしい？　ここのところ飲み過ぎなんじゃないの？
今夜はおかゆにでもしたら？　あと、この時間だったら、駅前の胃腸科クリニック空いてるはずだから行ってきたら？
胃薬の場所？　戸棚の2番目の引き出しにあるよ。

> 胃薬なら、戸棚の2番目の引き出しにあるよ。

ブレーキさん
あなたの立場が下の場合

SCENE3

> 10時に三軒茶屋に着いたら、田園都市線で渋谷まで行って、山手線に乗り換えて新宿まで行って、そこからさらに中央線に乗り換えて吉祥寺に行くのが一番早く着くよ。
> あ、でも、乗り換えが多いから、田園都市線に乗って渋谷まで行ったら、井の頭線に乗り換えて吉祥寺まで来るのもあり。それなら乗り換え一回。そっちのほうが運賃安いし。
> ほかにも世田谷線使うっていう手もある。
> まあ、いずれにしても、11時の回には間に合うはずだから。

 **10時に三軒茶屋に着いたら、田園都市線に乗って渋谷まで行って、井の頭線に乗り換えて吉祥寺まで来て。
そしたら、11時の回に間に合うはずだから。**

一歩前へ！
丁寧すぎる説明は、差し迫った用事を抱えた人には迷惑です。言わなくてもわかる情報を削るためには、「自分がなにを伝えたいか」という意識から、「相手がなにを知りたいか」という意識に切り替えることです。
たとえば、最初の会話では、
・女子トイレがこのフロアにないこと
・このフロアが2階で、女子トイレが3階にあること
・左に2回曲がること（イメージがかえって湧きにくい）
が、伝えなくてもいい情報です。

第7講　説明する。

アクセルちゃん
おもにあなたの立場が上の場合
（上司・先輩・客など）

先に全体図を見せると、話についていきやすくなります。

1 話のアウトラインを示す

SCENE1

今日は報告書の書き方について学びます。
時間がないので、早速本題に入ります。

☞ 今日は報告書の書き方について学びます。
本日の講演は、4部構成でお話しします。
最初に、報告書とは何か、その定義をします。
それから、悪い報告書を例に、その問題点を検討します。
そのあと、良い報告書を例に、報告書のひな形を学びます。
最後に、みなさんに簡単な報告書を書いてもらいます。
時間がないので、早速本題に入ります。

SCENE2

では、ゲームの説明に入ります。

☞ まず、このゲームの目的をお話しします。次に、ゲーム前の準備、それから、具体的な進め方についてお話しします。最後に、みなさん一人ひとりに、実際にプレイしていただきます。
では、ゲームの説明に入ります。

あなたの立場が上の場合

SCENE3

それではまずAさんから説明をお願いいたします。

> 来月のイベントについて説明させていただきます。
> Aさんには、会場設営の段取りの説明をお願いしています。
> Bさんからは、出演者のタイムスケジュールにかんする説明があります。
> 最後に、Cさんより、今回使用する機材の使い方についての簡単な紹介があります。
> それではまずAさんから説明をお願いいたします。

半歩下がって！

時間がないときほど、すぐ本題に入りたくなるものです。
それでも、本題に入る前に、話のアウトライン（見取り図）を示したほうが、説明のスピードはかえって上がります。聞いている側はこれからなにが起こるかがわかり、安心して話についていけるからです。
聞き手は話の意図や全体構造を知ることで、説明にたいする理解が深まります。

言葉ではなく、図で意識しましょう。

2 話のまとまりを意識する

SCENE1

報告書とはなにか、おわかりいただけたかと思いますが、次に、お手元にある悪い報告書の例をご覧になって、どこに問題があるか、おわかりになりますか？

> 以上が、「報告書とはなにか？」についての説明でした。
> 次に、「悪い報告書」の検討に移ります。
> お手元にある「悪い報告書」の例をご覧になって、どこに問題があるかおわかりになりますか？

SCENE2

というわけで、ゲームの目的はできるだけ多くコインを集めてゴールにたどりつくことなのですが、ゲームをはじめる前には準備が必要で……

> できるだけ多くコインを集めてゴールにたどりつくこと。
> ここまでが「ゲームの目的」でした。
> ここから先は「ゲームの準備」についてお話しします。

あなたの立場が上の場合

SCENE3

会場設営の段取りはAさんから説明があった通りですが、このあと、出演者のタイムスケジュールや使用する機材について、引き続きBさん、それから、休憩を挟んでCさん、説明をお願いします。

「会場設営の段取り」は以上です。
引き続き、Bさんより「出演者のタイムスケジュール」の説明があります。
そのあと、休憩を挟んで、Cさんより「機材の使い方」についての説明があります。

半歩下がって！

話の冒頭で、アウトラインを示しました。
そのあと、示したアウトラインに沿って話をしていることが聞き手にわかるように、話の切れ目や、話のまとまりで、きちんと区切ります。
最初の例で言えば、「これが、報告書の定義です」で話をいったんまとめ、「次に、悪い報告書の検討に移ります」で、新たな話のまとまりを伝えています。そうすることで、話題のまとまり、ひいては話の全体構造が聞き手にきちんと伝わります。

小学生に教えるつもりで丁寧に説明します。

3 参照は細かくする

SCENE1

表3には、2000年以降の出荷台数の変遷が示されています。

> お手元のハンドアウトをめくっていただいて、3ページなかほどの表3「カーナビの出荷台数の推移」をご覧ください。
> そこには、2000年以降の出荷台数の変遷が示されています。

SCENE2

わたしが送った添付ファイルの下のほうに、書いてあります。

> ○月○日○時ごろにわたしが送ったメールに、ワードファイルを3点添付しています。
> そのなかから「上半期顧客リスト」というファイル名のものを開いてください。
> 開いていただいて、一番最後のページまでスクロールしていただくと、赤字で書かれている部分があります。そこが該当箇所です。

アクセルちゃん
あなたの立場が上の場合

SCENE3

> 駅からまっすぐ来て、太い道に出たら左に曲がってください。

☞ 駅から街路樹のある道の左手をまっすぐ来てますよね？　一つ目の信号が見えましたか？　その信号のある交差点に来たら、そのまままっすぐ横断歩道を渡って、渡りきったら左に曲がってください。そうすると、右手に神社、左手にコンビニが見えるはずです。

SCENE4

> 安全栓を抜いたら、ホースを火元に向けてレバーを強く握ってください。

☞ レバーの上に安全栓が見えますか？　黄色いピンのようなものです。それを強く引き抜きます。それから、本体からホースを外し、先端のノズルをしっかり火元に向けたら、レバーを強く握ってください。

半歩下がって！

人の説明を聞いているとき、話が省略されて、ときどきなんの話をしているのか、わからなくなることはありませんか。
どこを話しているかが、いったん追えなくなると、理解を放棄する人が続出します。
説明は「聞き手の理解」が第一です。だから、はしょらないのが基本。とくに、話と資料を照らしあわせてもらう場合は、丁寧すぎるほど参照箇所に言及する必要があります。

第7講　説明する。

数字には、無言の説得力があります。

4 数字を出す

SCENE1

先日の研修会には、多くの社員が出席してくれました。

☞ **先日の研修会には、45 名の社員が出席してくれました。**

SCENE2

A 社に頼むと、B 社よりもだいぶ安いですよ。

☞ **A 社に頼むと、B 社とくらべて 20%ほど安いですよ。**

SCENE3

この方法に変えたことによって、前年度よりかなり注文が減っています。

☞ **この方法に変えたことによって、前年度より注文が 512 件減っています。**

アクセルちゃん
あなたの立場が上の場合

SCENE4

「今日はじめてきた方は?」とたずねたところ、会場からそこそこ手が挙がりました。

☞ 「今日はじめてきた方は?」とたずねたところ、会場から4分の1ほど手が挙がりました。

SCENE5

夜はけっこう冷え込むらしいから、なるべく早く帰りましょう。

☞ 夜は零度以下になるらしいから、なるべく早く帰りましょう。

半歩下がって!

説明をするときは、「多い」「少ない」のようにラフな形容詞を使って済ますよりも、できるだけ具体的な数字を示すほうが、説得力があります。

「多い」「少ない」は相対的であり、個人の感覚によるものです。5名でも多いことがあれば、100名でも少ないことがあるでしょう。

一方、具体的な人数がわかれば、数字は事実ですので、聞き手はその事実をもとに正確に判断することができます。

話上手な人ほど、強引に話を展開したがります。

5 「とにかく」「逆に」を減らす

SCENE1

工場用地買収の行き詰まり、生産計画の大幅な変更、技術者確保の困難、現地政府との交渉の難航。とにかく、最初から無理な計画だったってことです。

☞ 工場用地買収の行き詰まり、生産計画の大幅な変更、技術者確保の困難、現地政府との交渉の難航。こうして見ると、最初から無理な計画だったことがわかります。

SCENE2

いずれにしても、一度、ごあいさつに伺いましょうか？

☞ やるべきことはたくさんありますね。
まずは一度、ごあいさつに伺いましょうか？

SCENE3

要するに、わたしをメンバーから外したいっていうこと？

☞ ということは、わたしがメンバーから外れたほうがいいのかな？

LESSON 7

アクセルちゃん
あなたの立場が上の場合

SCENE4

> 彼はスケート以外のウインタースポーツはなんでも OK。
> 逆に言うと、スキーもスノボも得意だっていうこと。

☞ 彼はスケート以外のウインタースポーツはなんでも OK。
つまり、スキーもスノボも得意だっていうこと。

半歩下がって！

準備不足はある程度、接続詞でごまかすことができます。
論理的でない内容をもっともらしく見せるのに、接続詞は使いやすいものなのです。
ただ、論理的でない接続詞の使用は、聞き手には聞き苦しく感じられます。

・「いずれにしても」「とにかく」という言葉を多用する。
　聞き手の印象：文脈を無視してまで、自分の主張をしたい？
・「だから」「要するに」という言葉を多用する。
　聞き手の印象：論理を飛躍させてでも、結論に持ち込みたい？
・「逆に」「反対に」という言葉を多用する。
　聞き手の印象：逆でも反対でもないのに、対比を際立たせたい？

断定は最小限にしたほうがポイントが伝わりやすい。

6 「なんです」「わけです」を減らす

SCENE1

今の消費者は、実店舗ではものを買わなくなっているんです。
スーパーもデパートも閉店が相次いでいますし、コンビニも成長が頭打ちになっているんです。
郊外型ショッピングモールもピークを過ぎたんです。
結局、オンラインショップ以外に打つ手はないんです。

☞ 今の消費者は、実店舗ではものを買わなくなっています。
スーパーもデパートも閉店が相次いでいますし、コンビニも成長が頭打ちになっているようです。
郊外型ショッピングモールもピークを過ぎました。
結局、オンラインショップ以外に打つ手はないんです。

SCENE2

あそこの社員はみんな元気がいいんだよ。すれ違うたびに、みんなちゃんとあいさつしてくれるんだよ。ちゃんとサービス精神が行き届いてるんだよね。うちも見習わなきゃなと思うんだよ。

☞ あそこの社員はみんな元気がよくてさ。すれ違うたびにみんなあいさつしてくれるんだよ。ちゃんとサービス精神が行き届いているみたい。うちも見習わなきゃね。

あなたの立場が上の場合

SCENE3

> ある日、森のなかでクマに出会ったわけ。クマは早く逃げろって言うし、わたしも怖かったから逃げ出したわけ。ところが、クマは、わたしを必死に追いかけてくるわけ。早く逃げろって言ったくせにさ。そして、わたしに追いついたら、忘れ物だよって白い貝殻のイヤリングを渡してくれたわけ。でも、そこで夢からさめたわけ。

☞ **ある日、森のなかでクマに出会ってさ。クマは早く逃げろって言うし、わたしも怖かったから逃げ出したのね。ところが、クマは、わたしを必死に追いかけてくるのよ。早く逃げろって言ったくせにさ。そして、わたしに追いついたら、忘れ物だよって白い貝殻のイヤリングを渡してくれたんだ。でも、そこで夢からさめちゃった。**

半歩下がって！

あなたのまわりに「なんです」が口癖になっている人、「わけです」を連発する人はいませんか。一つか二つなら強調の役割を果たしますが、使いすぎると、バカボンのパパや、ハム太郎のように、ピントのぼけた話し方になってしまいます。

それまでの文脈を前提に、「話し手がほんとうに伝えたいこと」を強調するときだけに使いましょう。

【まとめ】
SETSUMEI-SURU

説明のコツは話し手のタイプによって異なります。

ブレーキさんは、「聞き手の注意を引きつけること」を心がけます。

そのためには、まず、話の要点を先に示し、その重要性を強調します。

そして、憶えてきたことをそのまま話すような話し方にならないよう、「(それ)で」や「えー(と)」の乱発に気をつけ、「あのー」「そのー」「なんでしょう」といった、今考えているような言葉を使います。

プレゼンテーションのように説明の準備ができるのであれば、途中で聞き手の集中力が途切れないように、話のアクセントを仕込んでもいいかもしれません。

また、ブレーキさんは、丁寧に伝えることに夢中になりがちなので、削れる情報は極力削っておきましょう。

アクセルちゃんは、「聞き手がついていける、理解しやすい話し方をすること」を心がけます。
おすすめなのは、冒頭でアウトラインをしっかり示し、そのアウトラインに沿って一つひとつ話を進めることです。
また、もし資料があるならば、今話していることと、資料の該当箇所との対応関係をしつこいくらいに確認し、聞き手が話についてこられるように配慮します。
また、数字は具体的に示すと説得力が出ます。
それから、話が強引な展開にならないよう、「とにかく」「だから」「逆に」のような接続詞を減らすこと。断定口調の「なんです」も、多用するとありがたみがありません。ここぞというときまで取っておきましょう。

聞き手の気持ちになってこのように準備ができれば、なにかと緊張を強いられる説明の場でも、きっとうまくいくと思います。

LESSON 8

Intensive Course In Communication Skills for Adults:
Toward Communicating Your Feelings Effectively

第8講
打ち解ける。

近すぎもせず、遠すぎもしない、
相手とほどよい「距離」を保つ言葉

【距離の基本】
KYORIWO-TAMOTSU

人と人とが話すとき、そこにはかならず心理的な距離があります。そして、わたしたちは、その心理的な距離を言葉づかいによって表現しています。

典型的には、距離が遠い人とは、おたがいに「です・ます」（丁寧体）で話し、距離が近い人とはおたがいにタメ語（普通体）で話す、ということなのですが、それだけではなく、わたしたちはさまざまな言葉づかいによって、なかば無意識に、相

手との距離を詰めようとしたり、距離を保とうとしたりしています。

このとき、相手と自分が同じような距離感を持っていれば、おたがいに居心地が良いのですが、この距離感が違っていると、ぎくしゃくしてきます。
つまり、**ブレーキさんにとって、アクセルちゃんの物言いはなれなれしく、アクセルちゃんにとって、ブレーキさんの物言いはよそよそしく聞こえる**というわけです。

ブレーキさんの場合、ブレーキさんでいるかぎり、人から疎まれたり、生意気だと思われることはほとんどないでしょう。
でも、**人とほんとうに仲良くなるためには、勇気を出して、どこかでアクセルちゃんにならないといけません。**

では、相手との距離を上手に縮めていくために、いったいどのような言葉づかいをすればよいのでしょうか。
この章では、**よそよそしすぎず、かといってなれなれしくもない、ほどよい距離を保つ言葉**を考えます。

ブレーキさん
おもにあなたの立場が下の場合
（部下・後輩・サービスする側など）

名前で呼ぶたびに、たがいの距離が縮まります。

1 名前を交ぜる

SCENE1

話、ほんと面白いですね。

☞ ○○さんって、話、ほんと面白いですよね。

SCENE2

そういった判断は、その道のプロにお任せしたいです。

☞ そういった判断は、その道のプロである○○さんにお任せしたいです。

SCENE3

いやいや違いますって！　悪い冗談やめてくださいよ（笑）。

☞ いやいや違いますって！　ちょっと○○さん！　○○さん、聞いてます？　悪い冗談はやめてくださいよ（笑）。

ブレーキさん
あなたの立場が下の場合

SCENE4

今日は時間が経つのがあっという間でした。また、ご一緒したいです。

☞ 今日は時間が経つのがあっという間でした。また、○○さんとご一緒したいです。

SCENE5

すみません。あのー、今日のおすすめメニューってなんですか？

☞ すみません。あのー、○○さんの今日のおすすめメニューってなんですか？

一歩前へ！

人との距離を縮めるのが苦手な人でも、比較的抵抗なくできるのが、「話のなかに相手の名前を交ぜる」という方法です。

シンプルですが、自分の名前を口にする人とは、距離が近く感じられるものです。

最初の例で言えば、相手のことを「話が面白いキャラクター」として評価し、まわりに印象づけることにもなるので、嫌な気持ちはしないでしょう。

第8講 打ち解ける。

たずねてみるだけでも、親しさが増します。

2 肩書ではなく「○○さん」と呼ぶ

SCENE1

課長、すみませんが、お先に失礼します。

☞ ○○さん、すみませんが、お先に失礼します。

SCENE2

あの、先生。
先生はどういった食べ物がお好みでしょうか。

☞ あの、○○先生。
○○先生はどういった食べ物がお好みでしょうか。

SCENE3

今回は館長とこんなに親しくお話させていただいて光栄です。
次回の勉強会も楽しみにしております。

☞ 今回は館長とこんなに親しくお話させていただいて光栄です。
次回の勉強会も楽しみにしております。
次回からは館長ではなく○○さんとお呼びしてもよろしいでしょうか。

ブレーキさん
あなたの立場が下の場合

SCENE4

部長、おりいってご相談があるのですが。

☞ ○○部長、おりいってご相談があるのですが。

SCENE5

わたし、○○店長のことを、ひとりの人としてずっと尊敬してました。

☞ わたし、○○店長のことを、いや、○○さんのことを、ひとりの人としてずっと尊敬してました。

一歩前へ！
相手が偉そうにしたがる人の場合は別ですが、「部長」「店長」「先生」よりも、「○○さん」のほうが公平です。
ためらわれるときは、周囲の様子を探りつつ、「○○さんってお呼びしてもいいですか？」と聞いてみましょう。もしOKなら、その人とはこれから親しい関係を築いていけるはず。
たとえ「さん」づけが難しくても、「部長」「店長」「先生」よりも「○○部長」「○○店長」「○○先生」と名前を入れたほうが、親しみが増し、相手との距離が縮まります。

第8講　打ち解ける。

恐縮しすぎると、敬語が過剰になりがちです。

3 ひと言につき敬語をひとつにする

SCENE1

契約書をお受け取りになられたら、ご一報くださいますか。

☞ **契約書をお受け取りになったら、ご一報くださいますか。**

SCENE2

A社の担当者はそのようにおっしゃられていました。

☞ **A社の担当者はそのようにおっしゃっていました。**

SCENE3

どうぞどうぞ、遠慮なさらず、お召し上がりになってください。

☞ **どうぞどうぞ、遠慮なさらず、召し上がってください。**

SCENE4

当社自慢の新商品、もうご覧になられていただきましたでしょうか？

☞ **当社自慢の新商品、もうご覧になっていただきましたか？**

LESSON 8

ブレーキさん
あなたの立場が下の場合

SCENE5
> 社長は1時間ほど前にお帰りになられましたよ。なにかおことづてがあれば、お預かりしますが。

☞ **社長は1時間ほど前にお帰りになりましたよ。なにかおことづてがあれば、お預かりしますが。**

一歩前へ！
「尊敬語＋尊敬語」の二重敬語には、おもに次のようなパターンがあります。

「おっしゃる」→「おっしゃられる」（「特殊形」＋「～られる」）
「召し上がる」→「お召し上がりになる」（「特殊形」＋「お（ご）～になる」）
「送られる」→「お送りになられる」（「お（ご）～になる」＋「～られる」）

相手と距離を取りたがる人ほど、敬語だけでは物足りない感じがし、「尊敬語＋尊敬語」の二重敬語を使いたがります。
二重敬語のなかには、「おっしゃられる」や「お召し上がりになる」のようにすでにかなり定着しているものもあるので、気にしすぎる必要はありませんが、過剰だった敬語をシンプルにしていくと、相手との関係から堅苦しさがとれていきます。

第8講 打ち解ける。

「です・ます」を外すのは、親しくなりたいという合図。

4 「です・ます」をあえて外す

SCENE1

そうです、そうです。その点だけ、お客さんの希望通り修正してほしいのです。

☞ **そう、そう。その点だけ、お客さんの希望通り修正してほしいのです。**

SCENE2

当日の衣装についてどう思います？　こっちのほうが断然よいと思いませんか？

☞ **当日の衣装についてどう思います？　こっちのほうが断然いいよね？**

SCENE3

その通りなんです。この問題を解決できるのは、○○さんしかいないんです。

☞ **でしょでしょ？　この問題を解決できるのは、○○さんしかいないんです。**

ブレーキさん
あなたの立場が下の場合

SCENE4

今、急ぎの仕事をいくつも抱えてるんです。なので、申しわけありません。

 今、急ぎの仕事をいくつも抱えてて。なので、申しわけありません。

一歩前へ！

初対面のときは、「です・ます」（丁寧体）で話すのは普通でしょう。ただ、いつまでも気を使って「です・ます」を使いつづけていたら、二人の心理的な距離が埋まりません。ちょっと親しくなってきたら、こちらのほうから思いきって、「です・ます」を外してみましょう。

最初は不自然で、ちょっとぎくしゃくするかもしれません。そのときは例にあるように部分的に、徐々に外していきましょう。次に会ったときには、「です・ます」を使わなくても、たいてい自然に感じられるものです。

第8講 打ち解ける。

ふとした感情表現が、相手の気を緩めます。

5 わざとくだけた表現を使う

SCENE1

あのラーメン、おいしかったですね。

☞ あのラーメン、麺が<u>もっちもち</u>、半熟卵が<u>とろっとろ</u>でしたね。

SCENE2

課長ってオフィスでは忙しそうに仕事してるけど、
家ではひたすらゆっくりしているらしいね。

☞ 課長ってオフィスでは<u>ばりばり</u>仕事してるけど、
家ではひたすら<u>のんびりごろごろ</u>らしいね。

SCENE3

システム構築にかんする○○さんのご指摘、いずれも冴えて
ましたね。ああ言えばいいのかって、勉強になりましたよ。

☞ システム構築にかんする○○さんのご指摘、いずれも冴えてま
したね。なんか、<u>眼鏡キラーン</u>っていう感じでしたよ。

ブレーキさん
あなたの立場が下の場合

SCENE4

会議での部長の発言、おっかなかったですね。

☞ 会議で部長の雷が炸裂しましたね。<u>ゴロゴロドッカーン</u>でしたね。

SCENE5

あんなふうに優しくされたら、だれでも好意を抱くよね。

☞ あんなふうに優しくされたら、だれでも<u>キュンキュン</u>きちゃうよね。

一歩前へ！
オノマトペ、あるいは擬音語・擬態語と呼ばれる表現があります。最初の例文にある「もっちもち」「とろっとろ」などがオノマトペに当たります。
オノマトペは童話やマンガによく出てくる、感覚的な描写に優れた表現です。子どもっぽい印象も与えますが、ときには無邪気にしゃべることで、相手との距離が近づきます。

話してみれば、意外な共通点が見つかるかも。

6 自分からプライベートな話題を切り出す

SCENE1

○○さんは休みをどんなふうに過ごしてるの？

☞ **わたしは休みになるとよくゴルフに行くんだけど、
○○さんは休みをどんなふうに過ごしてるの？**

SCENE2

○○さんのご出身はどちらなんですか？

☞ **わたしは横浜で育ったんですが、生まれは関西です。
○○さんのご出身はどちらなんですか？**

SCENE3

○○さんはどちらにお住まいですか？

☞ **わたしは研究所の敷地内にある庁舎に住んでいるんです。
○○さんはどちらにお住まいですか？**

ブレーキさん
あなたの立場が下の場合

SCENE4

失礼ですが、お名前を伺ってもよろしいでしょうか?

☞ 初めまして。わたしはA社の〇〇と申します。
失礼ですが、お名前を伺ってもよろしいでしょうか?

SCENE5

〇〇さんはどんなきっかけで、今日こちらの会に?

☞ 今日は高校時代の友人に誘われて、のこのこついてきました。
〇〇さんはどんなきっかけで、今日こちらの会に?

一歩前へ!
ふだんは「長年の仕事上のお付きあい」の間柄でも、ふとした雑談から、距離を縮めるきっかけを見つけることができるかもしれません。どんな人間かすこしでもわかれば、仕事上の安心感にもつながります。
ただ、いきなり私生活についてたずねると、戸惑う人もいるかもしれません。おたがいの私生活について話すときには(「声かけの基本」の章でお話ししたように)こちらから自己開示するのが基本です。

第8講 打ち解ける。 251

順序を変えるだけで、ムードが変わります。

7 話題の展開をポジティブにする

SCENE1

ほんとに楽しかったけど、雨で残念でしたね。

☞ **雨で残念だったけど、ほんとに楽しかったですね。**

SCENE2

あのひと、話は面白いけど、仕事は雑なところがあるよね。

☞ **あのひと、仕事は雑なところがあるけど、話は面白いよね。**

SCENE3

全体的によくできていたと思うけど、いくつか直してほしい点があります。

☞ **いくつか直してほしい点があるけど、全体的によくできていたと思います。**

ブレーキさん
あなたの立場が下の場合

SCENE4
> やりがいのある仕事だから挑戦してみたいですが、うまく結果を出せないかもしれません。

☞ **うまく結果を出せないかもしれませんが、やりがいのある仕事だから挑戦してみたいです。**

SCENE5
> ○○さんと一緒に仕事ができてほんとうに幸せでしたが、もうしばらくお会いできないと思うと残念です。

☞ **もうしばらくお会いできないと思うと残念ですが、○○さんと一緒に仕事ができてほんとうに幸せでした。**

一歩前へ！
これは発想の癖のようなものですが、会話をネガティブな言葉で締めがちな人がいます。
日本語は、文の前半に前提となる情報が、後半に焦点となる情報がそれぞれ来て、その焦点の当たった情報を起点として次の話題へと展開するようにできています。そこで、ポジティブな内容はできるだけ後回しにできれば、さらに楽しい話題につながる流れが生まれます。

第8講　打ち解ける。

アクセルちゃん
おもにあなたの立場が上の場合
(上司・先輩・客など)

日本語では二人称で呼ぶのは基本的に失礼です。

1 二人称を避ける

SCENE1

そこのあなた、悪いけど、ちょっと来て。

☞ **お名前はなんていうの？　○○さんね。**
○○さん、悪いけど、ちょっと来て。

SCENE2

それはきみの仕事じゃないってわかってるけど、手伝ってあげてくれないかな？

☞ **それは○○さんの仕事じゃないってわかってるけど、手伝ってあげてくれないかな？**

SCENE3

おまえ！　なに言ってるんだよ。さすがにそれはまずいだろ。

☞ **○○！　なに言ってるんだよ。さすがにそれはまずいだろ。**

アクセルちゃん
あなたの立場が上の場合

SCENE4

そっちがそこまで言うなら、こっちにも考えがある。

☞ **○○さんがそこまで言うなら、わたしにも考えがある。**

SCENE5

あんたがそんな態度を取るから、勘違いしちゃったんじゃない?

☞ **○○さんがそんな態度を取るから、勘違いしちゃったんじゃない?**

半歩下がって!
日本語の場合、英語とは違って二人称が固定しておらず、「おまえ」「きみ」「あなた」「きさま」など多様ですが、どれも失礼な印象があります。
無難なのは、面倒くさがらず相手の名前を確認すること。知っている人ならば、かならず名前で呼びかける。名前が確かめられないなら、「悪いけど、ちょっと来て」などとむしろ省略したほうが安全です。

会社は、親戚付き合いの場ではありません。

2 職場では全員「さん」づけで呼ぶ

SCENE1

○○ちゃん、コピー取ってくれる？　悪いね。

☞ ○○さん、コピー取ってくれる？　ありがとう。

SCENE2

○○くん、今度からお客様の前では脚を組まないように注意してくれる？

☞ ○○さん、今度からお客様の前では脚を組まないように注意してください。

SCENE3

先生は○○ちゃんの顔を見ると、いつも嬉しそうにしているよ。ねえ？　○○ちゃん。

☞ 先生は○○さんの顔を見ると、孫娘に会ったときみたいにいつも嬉しそうにしているよ。ねえ？　○○さん。

アクセルちゃん
あなたの立場が上の場合

SCENE4

真と愛ちゃんにも、大掃除に参加するように伝えておいて。

 山田さんと鈴木さんにも、大掃除に参加するように伝えておいて。

SCENE5

御社の真くんと愛さんは大学の同期で、よく飲みに行く仲です。

 御社の山田さんと鈴木さんは大学の同期で、よく飲みに行かせていただいてます。

半歩下がって！

先輩－後輩、上司－部下の関係だったとしても、職場では成人している男女に向かって「○○ちゃん」「○○くん」と呼ぶのはスマートではありません。

とくに、中年男性の場合、若い女性への「ちゃん」づけには気をつけます。できれば、下の名前で呼ぶのも避けましょう。「名字＋さん」で呼ぶのが礼儀です。

親しみを込めているつもりでも、「ちゃん」や「くん」、ましてや呼び捨ては、相手を一人前に扱っていない証拠と受けとられます。

第8講　打ち解ける。

一人ひとりの個性に敬意を払いましょう。

3 ハラスメントに気をつける

SCENE1

社長のアテンドは、だれか女の子にでも頼んでおいてよ。

☞ 社長のアテンドは、だれか<u>手の空いてる人</u>に頼んでおいてよ。

SCENE2

これはずいぶん重たそうだね。若い連中に運ばせて。

☞ これはずいぶん重たそうだね。<u>力のありそうな人</u>に運んでもらって。

SCENE3

バイトさんたちにお願いして、片付けてもらってくれるかな？

☞ <u>アルバイトの○○さん中心に</u>、何人かで片付けてもらってくれるかな？

アクセルちゃん
あなたの立場が上の場合

SCENE4

仕事で追いつめられると、女はすぐに泣くもんね。

 仕事で追いつめられると、すぐ泣く人もいるもんね。

SCENE5

状況が危うくなると、男はすぐ逃げたがるもんね。

状況が危うくなると、すぐ逃げたがる人っているよね。

半歩下がって！
年代や性別、雇用形態でひとまとまりにするのは、ハラスメントにつながります。
「若い連中」「派遣の子たち」「パートのおばさんたち」「バイトさんたち」という表現は、言っている本人は自覚がなくても、言われている側は雑にまとめられたように感じ、傷つくことがあり、場合によっては、差別用語になるおそれもあります。
また、「女は」「男は」というくくりで話すのも、性差別になる場合が多いので、可能なかぎり避けましょう。

第8講 打ち解ける。

丁寧ならいいと思っていると、おかしな敬語になります。

4 敬語をイメージする

SCENE1

お客さまがいただかれているお料理には、お肉は入っておりません。

☞ お客さまが召し上がっているお料理には、お肉は入っておりません。

SCENE2

御社の担当者が以前申されていた案件は、すでに解決しましたか？

☞ 御社の担当者が以前おっしゃっていた案件は、すでに解決しましたか？

SCENE3

どうぞこちらのメニューを拝見なさってください

☞ どうぞこちらのメニューをご覧になってください。

LESSON 8

アクセルちゃん
あなたの立場が上の場合

SCENE4

来月のご都合の良い日に、お目にかかっていただけますか？

来月のご都合の良い日に、<u>お会いくださいますか</u>？

SCENE5

ご不明な点がありましたら、なんなりとお伺いください。

ご不明な点がありましたら、なんなりと<u>お問い合わせください</u>。

半歩下がって！

「召し上がられる」「おっしゃられる」「ご覧になられる」は「尊敬語＋尊敬語」の二重敬語で、単なる尊敬の過剰で済むものですが、例の「いただかれる」「申される」「拝見なさる」は「謙譲語＋尊敬語」となっていて、敬意の方向が逆なので、敬語として破綻しています。

敬語に自信がないときは、一度、敬語が使われている部分をイメージするといいでしょう。敬語は相手を上、こちらを下にするのが目的です。言葉をイメージしたときに、相手を見下ろしているのではなく、見上げている格好になれば、役目を果たしています。

第8講　打ち解ける。

同じ意味の言葉でも、TPOをわきまえて選びましょう。

5 オブラートに包む

SCENE1

今の質問、意味がわからなかったので、もう1回言ってくれませんか。

ごめんなさい、今の質問、おっしゃっている意味をつかみそこねたので、もう1回言ってくれませんか。

SCENE2

今週は無理なので、来週に予定をずらしていただけませんか。

今週は厳しいので、来週に予定をずらしていただけませんか。

SCENE3

○○さんの提案は、まったく理解できません。

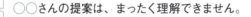
○○さんの提案は、わたしの理解力をはるかに超えています。

LESSON 8

アクセルちゃん
あなたの立場が上の場合

SCENE4

○○さんの企画書、いったいどこが面白いのかさっぱりわからなかったよ。

☞ ○○さんの企画書、どの点を伸ばせば面白くなりそうか、わたしにはちょっとうまく想像できなくてね。

SCENE5

何度も同じことを言わせないでね。

☞ うまく伝わってなかったみたいだから、もう一度言うね。

半歩下がって！

いくら上司であっても、会議などの公的な場できつい言い方をすると、全体の空気が淀みます。こちらが目下の場合はなおさらですが、目上であっても、TPOをわきまえて、柔らかい伝え方をしましょう。

相手の面子をつぶさない、思いやりのあるもの言いを考えるのも、仕事の能力のひとつです。

敬語には、真綿で首を絞めるような迫力があります。

6 敬語で抗議をする

SCENE1

相談もしないで、なに自分勝手にやってるんだよ。

ひと言相談してくださればよかったのですが。非常に残念です。

SCENE2

こないだ言ってたことと、今やっていることがぜんぜん違うじゃないか。

作業を再開したとお聞きしました。ただ、先日「作業は中止する」とおっしゃっていたように記憶しているのですが。わたしの記憶違いでしょうか。

SCENE3

うるさいよ。寝られないだろう。

すみませんが、もうすこし音を抑えていただけないでしょうか。明日、早いのです。

アクセルちゃん
あなたの立場が上の場合

SCENE4

> なにぐずぐずやってるんだよ。

 いつになったらやってくださるのでしょうか。具体的な日付を教えていただけませんか。

SCENE5

> 日中もっとひんぱんに連絡を取れるようにしてよ。

 メール、電話、Facebook、LINE、日中はどれが連絡を取りやすいですか？ そこからなるべく連絡するようにしますので、○○さんも気に留めていただけたら幸いです。

半歩下がって！

むきだしの感情で抗議すると、相手に、さらにはそれを耳にした第三者に人格を疑われます。敬語による抗議はそうしたリスクがないため、スマートな抗議法として有力です。

しかし、敬語には、冷たく突きはなすような語感があり、人によっては反発を招くかもしれません。

相手のタイプを考えて、硬軟おり混ぜた抗議の戦略を立てる必要がありそうです。

【まとめ】
KYORIWO-TAMOTSU

遠慮がちなブレーキさんの場合、相手との距離を縮めるために、「名前の呼びかけ」と、「敬語レベルの軽減」を意識するとよいでしょう。
会話のなかで相手の名前を呼べば呼ぶほど、自然と親しみが湧き、距離が縮まっていきます。
またちょっとだけ勇気を出して、相手への敬意レベルを下げてみたり、ときどきすこし「です・ます」を外してみるのもおすすめです。もしかしたら、相手はそのタイミングを待っているかもしれません。そこで親しい友人としての感覚を得られたら、振る話題や話し方のなかですこしずつ「ふだん着の自分」を出していきましょう。

自分の厚かましさに気づきにくいアクセルちゃんの場合、たとえ相手が目下でも、親しい間柄でも、距離を取りましょう。相手がかなりの年下だとしても、仕事の場では「そこのきみ」とか「おまえはさあ」といった二人称を使うのは論外で、「くんづけ」「ちゃんづけ」で呼びかけることも、避けたほうが無難です。おたがいを「さんづけ」で呼びあうことで、良い意味での緊張感が保てます。

また、悪気はなくても、「ゆとり世代は」「若い連中は」のようにひとくくりにしたり、「女の子たちに手伝ってもらおう」とか「あいつは○○出身だから」など、ハラスメントにつながりかねないような言い方に注意しましょう。はたから見れば同じグループでまとまっているように見えていても、かならず個性はあります。「そういう人」もいれば「そうじゃない人」もいると考えられる柔軟性が人を引きつけるのです。

さて、この章でみなさんと見てきた、話し手と聞き手の心理的距離を取る言葉づかいは、この本全体を貫く柱となるものです。
一人ひとりにたいして「どう呼びかければいいの？」「どのレベルの敬語を使えばいいの？」は、「大人の伝え方」の中心的課題です。
周囲の人の呼び名や敬語の使い方を、相手との今の関係のなかで再考してください。
きっと、おたがいが言葉によって、今よりもっと心地良い距離になれる瞬間があるはずです。

おわりに

これで、コミュニケーションの集中講義は終わりです。
この本ではさまざまな実例を紹介してきましたが、
もちろん、それらが唯一の正解というわけではありません。
そもそも、伝え方に正解などありません。

自分らしさを出せるところがコミュニケーションの醍醐味です。ファッションと同じように十人十色でよいのです。
ただ、正解はないのですが、失敗はあります。
人間関係にひびを入れる言葉にはくれぐれも注意してください。人間は究極的には自分中心にしか考えることができません。

だからこそ、相手の立場に立つことが重要だと思うのです。
相手の気持ちに思いをめぐらせて言葉を選べるようになれば、コミュニケーションの免許皆伝です。
しかし、相手の立場に立つことほど難しいものはありません。
この本では、相手の立場に立つ感性をみがくために、ブレーキさん、アクセルちゃんという二つのキャラを設定しました。

みなさんは、どの場面でどちらのタイプになるでしょうか。
自分のタイプをまずは考えてみてください。

次に、相手がブレーキさんか、アクセルちゃんなのか。
相手のタイプを観察し、それに歩みよる方法を考えてください。己を知り、相手を知れば、コミュニケーションはぐっと楽になります。読者のみなさんのコミュニケーション力アップを心から願っています。

思えば、本書は難産でした。

1年目は、一橋大学のゼミの学生8名と本書を書きはじめました。私も含め、9名全員が原稿を書きおえましたが、
その原稿は最終的にお蔵入りとなってしまいました。

2年目は、一人で原稿を書きはじめました。
完全オフを決めていた夏休み、突然書こうと思いたち、
家族と来ていた米国で、一人パソコンのまえに向かいました。
その原稿もあえなく没になりました。

3年目も、一人で原稿を書きはじめました。
2年分の反省を生かし、授業の合間をぬって、書きあげました。そして、できあがったのがこの原稿です。

本書はコミュニケーションの本ですが、本書自体がたくさんのコミュニケーションから生まれました。

形はまったく変わってしまいましたが、
本書の柱には一橋大学のゼミでの議論が活きています。
浅井良憲さん、李善賢さん、胡芸群さん、二子石勇人さん、
元吉晃太郎さん、山口祐太朗さん、綿貫桂太さん、渡辺藍さん。
本書をめぐるコミュニケーションに協力してくださり、
ありがとうございました。

また、編集者の橋本圭右さんとのコミュニケーションなしに、
本書はありえませんでした。
心から感謝申し上げます。

そしてなにより、本書は、まだ見ぬ読者の方々と、
想像上の対話をするなかで生まれてきたものです。

最後までお付き合いくださった読者のお一人おひとりに
心からお礼申し上げます。
ほんとうにありがとうございました。

2015年1月　ＳＤＧ

石黒 圭

本書の理解を深めるための参考文献

Brown P. and Levinson S. C.(1987). *Politeness: Some Universals in Language Usage*. Cambridge, UK: Cambridge University Press.(ペネロピ・ブラウン&スティーヴン・C・レヴィンソン著、田中典子監訳(2011)『ポライトネス―言語使用における、ある普遍現象―』研究社)

日本語は敬語が発達しているせいか、社会的な言葉づかいは丁寧なほどよいという錯覚が広がりがちです。しかし、ブラウン&レヴィンソンの「ポライトネス理論」を知ると、丁寧にすることだけでなく、丁寧にしないことにも意味があることがわかります。

この本は(すなわち「ポライトネス理論」では)、人間には「周囲との関わりを避け自由でいたい」「周囲と積極的に関わり認められたい」という二つの相反する欲求があり、この二つの欲求を脅かさないように、人との距離を遠ざける行動(たとえば敬語)と、人との距離を縮めるという行動(たとえばタメ語)を取ると考えます。

本書もその考え方を踏襲し、「周囲との関わりを避け自由でいたい」という欲求をブレーキさんに、「周囲と積極的に関わり認められたい」という欲求をアクセルちゃんに託しています。

滝浦真人(2005)『日本の敬語論―ポライトネス理論からの再検討―』大修館書店

この本は、ブラウン&レヴィンソンのポライトネス理論を参考に、敬意の表現として捉えられがちだった日本語の敬語を、距離の表現として捉えなおすことで、日本の敬語研究に新たな地平を開くことに成功しています。

本書のブレーキさんは人との距離を取りたがるタイプであり、アクセルちゃんは反対に人との距離を縮めたがるタイプですが、コミュニケーションにおける対人的な距離という考え方は、この本の捉え方を参考にしたものです。

Leech. G.(1983). *Principles of Pragmatics*. New York: Longman.(ジェフリー・N・リーチ著、池上嘉彦・河上誓作訳(1987)『語用論』紀伊國屋書店)

この本は、語用論と呼ばれる、言語の使用を考える言語学の一分野の概説書で、とくに言葉の丁寧さを「ポライトネスの原理」という概念で説明しています。

ブラウン&レヴィンソンの「ポライトネス理論」のダイナミックな捉え方の前ではやや霞んでしまいますが、他者の負担や自己の利益を最小に(他者の利益や自己の負担を最大に)、他者の非難や自己の称賛を最小に(他者の称賛や自己の非難を最大に)、自己と他者の意見の相違を最小に(合意を最大に)、自己と他者の間の反感を最小に(共感を最大に)という捉え方は現在でも参考になるものです。

蒲谷宏(2013)『待遇コミュニケーション論』大修館書店

この本は、従来の日本語の敬語研究とは異なる観点で展開されてきた待遇コミュニケーション研究の現在の到達点を示すものです。敬語研究というと、尊敬語・謙譲語・丁寧語という限られた表現に議論が集中しがちですが、待遇コミュニケーション研究では、敬語をあくまでコミュニケーション活動の一部として捉え、敬意に関わる表現を広く分析しています。

私たちがまわりの人とコミュニケーションをとるとき、人間関係やその場の状況をどのように意識して表現を選択しているのかが、敬語を中心に見えてくる本です。

石黒圭(2013)『日本語は「空気」が決める―社会言語学入門』光文社

本書は、敬語研究や会話分析をはじめ、社会言語学のさまざまな研究成果を取り入れています。しかし、それらをすべて参考文献として挙げはじめるとキリがありません。

社会言語学の入門書には優れたものがいくつかありますが、日本語の実態にそくして社会言語学の知見をコンパクトにまとめた私自身のものを挙げておきます。

心を引き寄せる 大人の伝え方 集中講義

2015年3月1日 初版発行
2016年1月22日 第2刷発行（累計1万7千部）

著 者　石黒圭

イラスト　荒川
デザイン　井上新八

制作協力　浅井良憲　李善賢　胡芸群　二子石勇人　元吉晃太郎
　　　　　山口祐太朗　綿貫桂太　渡辺藍
　　　　　（一橋大学2012年度石黒研究室共通ゼミ参加者、五十音順）

印刷・製本　萩原印刷株式会社
発行者　鶴巻謙介
発行所　サンクチュアリ出版

〒151-0051　東京都渋谷区千駄ヶ谷2-38-1
TEL 03-5775-5192　FAX 03-5775-5193
http://www.sanctuarybooks.jp
info@sanctuarybooks.jp

©Text/Kei Ishiguro ©Illustration/arakawa　2015,PRINTED IN JAPAN

※本書の内容を無断で複写・複製・転載・データ配信することを禁じます。
落丁本・乱丁本は送料小社負担にてお取り替えいたします。
ISBN978-4-8014-0011-5